改訂新版

子どもの
病気・けが

救急

ケア & BOOK

世界文化社

＊もくじ

Part 1 けが・事故の手当てと救急

Part 2 病気の手当てと対応

N=1,2

Part 3 知っておきたい感染症と病気

この本の見方

『救急＆ケア BOOK』では、子どもがけがをしたり、ぐあいが悪くなったりしたとき、
保育者がどう対処すればよいかを紹介しています。ただし、対応はあくまで
目安です。個々の状況に合わせ、医療機関や救急隊の指示に従いましょう。

Check!

子どもに異変が起きたとき、まずチェックする観察ポイントです。

園での応急手当て

園でできる応急手当てを紹介します。

対応の目安

症状に合わせて、どう対処すべきかの目安です。
当てはまる症状によって、以下の5つの対応から選びましょう。

急いで救急車を

すぐに119番通報をし、救急車で
医療機関へ急ぎましょう。通信指令
員に状況や症状を正確に伝え、救急
車の到着まで指示に従いましょう。

病院へ

急いで園から病院へ向かいましょう。
園での基準や取り決めがあれば従い
ます。保護者にはどの病院へ行くか
を報告します。

お迎えを

保護者にお迎えに来てもらうようお
願いします。必要に応じて医療機関
を受診し、その結果を教えてもらう
ようにします。

園で手当てを

園で応急手当てをしましょう。

園でようすを

園で手当てをし、降園までようすを
見ましょう。経過は注意深く観察し、
ようすがおかしいと感じたら、お迎
えをお願いするか、病院へ。

家庭での注意点

保護者に伝えるべきケア
の方法や注意するポイン
トを紹介します。

けが・事故の
手当てと救急

子どもは思いがけないけがをすることがあります。
突然の事故でもあわてず、冷静に対応を。
的確な手当てができるようにしましょう。

すり傷・切り傷

子どものけがで多いのは、転んでつくるすり傷・切り傷。
傷のようすは慎重に確認をし、軽度の傷は、園での応急手当てを。
ただし、雑菌による化のうや破傷風の危険もあるので気をつけましょう。

Check!

- ☐ 傷の部位はどこか
- ☐ 傷の大きさ・深さは？
  （かすり傷程度か、それとも病院で縫う
  処置をする可能性がありそうか）
- ☐ どこで、何でけがをしたか

急いで救急車を

- ☐ 大きく傷口が開いている
- ☐ 出血が激しい
  （どくどくと脈打つように勢いよく出血する、
  わき出るような出血が続く）
- ☐ 頭に打撲と出血があり、
  ようすが深刻
  （→P.14をCheck!）

⚠ 救急車が来るまで、出血している場合は止血を
続けましょう。（止血の方法→ P.9、45）けがをした場
所と状況を、到着した救急隊員に正確に告げられるよ
うに準備しておきましょう。

病院へ

かすり傷、小さな傷など
園で手当てできる場合
（→ P.9）

- ☐ 傷の範囲が広い、
  傷口がぱっくり開いている
- ☐ 顔・頭をけがした
  （縫う処置をする可能性がある場合）
- ☐ 傷口に異物（ガラス、小石、木片など）
  が深くささっている
- ☐ 不衛生な場所や物（さびたくぎ、
  腐った木片など）でけがをした
- ☐ 出血量が多い
  （15分以上圧迫止血しても出血が続く）
- ☐ 打撲している
  （特に頭の場合は慎重に状況を見る）
  （→P.10、14をCheck!）
- ☐ ねんざ、骨折を伴っているようすがある
  （→P.12、16をCheck!）

⚠ 園で手当てをしても、しばらくしてじくじくしたり、
赤くなってきたりしたら病院へ。

園での応急手当て

❶ 傷口を流水で洗う

小さなすり傷・切り傷なら流水で洗い、汚れや砂などを落とします。傷口に異物がささっている場合はピンセットなどでていねいに取り除き、そのあとよく洗い流しましょう。

 傷パッドで手当てをする場合は、治癒に必要な細胞を守るため消毒してはいけません。

❷ 止血する

傷口を清潔なガーゼで覆い、小さな傷ならギュッと押さえて圧迫し、血を止めます。

❸ 傷パッドで覆う

傷口が清潔になったら、早めに市販の傷パッド（適度な湿潤環境を保ち、傷を早く治すばんそうこう）などで傷口を覆います。傷口が空気に触れるのを避け、乾燥しないようにしましょう。

血が止まらないとき

頭部	腕	足	手

首の横の少し前（あごの下）の脈を親指で強く圧迫する	腕を心臓より高く持ち上げ、上腕の中央の内側に親指を当て、骨に向かって強く圧迫する	タオルや布を使って太ももをしばり、強く圧迫する	手首をつかみ、強く圧迫する

破傷風とは？

破傷風は土や泥水などに生息している破傷風菌が傷口などから侵入し、全身の筋肉のけいれんや呼吸不全などを起こす、死亡率も高い感染症。日本では四種混合（DPT-IPV）ワクチンの普及により発症は激減していますが、未接種でのけがには注意が必要です。

家庭での注意点

- ●傷パッドで手当てした場合は数日、傷の経過に注意してもらいます。
- ●傷パッドから体液がもれてきたり、傷パッドが汚れてきたら、消毒や乾燥を避け、貼り替えるよう伝えます。
- ●赤くなったり、じくじくと化のうしてきたら病院へ。

打撲

走っていてぶつかる、滑り台といった遊具から落ちるなど、
打撲も子どもに多いけがです。頭や顔、胸、おなかなど、打った部位によっては
深刻な症状になる場合もあるので、注意が必要です。

Check!

- ☐ **意識・呼吸はあるか**
- ☐ **けがをしたところはどこか**
  - 頭の打撲→ P.14
- ☐ **何でぶつけたか**
- ☐ **どこから落ちたか**

胸

背中　　首　　顔面

NG 首や背中、胸や顔面を打ったときや、高所から落下したときは動かしてはいけません。

急いで救急車を

- ☐ 呼吸が苦しそう、または呼吸をしていない
- ☐ 意識がないか、もうろうとしている
- ☐ 硬直、けいれんしている
- ☐ 打ったところの傷口から大出血している
- ☐ 首、背中、胸、顔面を強く打った
- ☐ 高いところから落ちた
- ☐ 顔から出血している
- ☐ 目の周りや耳の後ろにあざができている
- ☐ まひやしびれがある
- ☐ 何回も吐く

病院へ

- ☐ ぐったりしている
- ☐ 吐く
- ☐ 冷や汗をかいている
- ☐ 出血が多い
- ☐ 顔、特に目や鼻を打った
- ☐ 激しくせき込んでいる
- ☐ はれがひどい
- ☐ 打ったところの皮膚が、色が変わったり、硬くなったりしている
- ☐ 息をするたびに痛みがある
- ☐ 血の混じったたんが出る
- ☐ 黒い便や血尿が出る
- ☐ ねんざ、骨折を伴っているようすがある
  - → P.12、16 を Check！

🔴 救急車が来るまで、体に負担をかけない姿勢を取らせます。→ P.11 必要なら、心臓マッサージと人工呼吸を。救命処置→ P.42 ～ 44 動かしてよいかどうか、119番連絡時に対応を確認しましょう。

🔴 打ったあと、泣き方がだんだんひどくなったり、顔色が青ざめてきたりした場合は、内臓を打撲している可能性も。病院で受診しましょう。また、しばらくしてから吐いたりだるそうにしたりすることも。3日程度はようすに気をつけましょう。便や尿の色は4日ほど観察します。

園での応急手当て

❶傷がある場合は手当てを

すり傷は流水でよく洗って、必要なら市販の傷パッドを貼る。出血があるなら、清潔なガーゼを当てて圧迫するなどして、先に止血をします。（→P. 9、45）

❷打撲箇所を冷やす

氷のう、または冷たいぬれタオルを頻繁に取り替えて冷やします。市販の冷却シートを貼ってもよいでしょう。

NG 氷を直接皮膚に当てたり、市販の冷却スプレーなどをかけたりするのは、凍傷になることがあるので、まだ皮膚の薄い子どもには避けましょう。冷湿布で肌荒れすることもあるので注意。

❸楽な姿勢で休ませる

打撲によって、内臓や、せきずいなどの骨にダメージを受けたと考えられるときは、負担をかけない姿勢で固定し、その場で救急車を待つか、病院へ運びます。痛みがあるだけの場合も、楽な姿勢で安静にさせましょう。

おなかを打った

衣服を緩め、あおむけでひざを曲げる、足を高くするなどして寝かせます。

背中を打った

うつぶせで顔を横向きにさせ、体の下、両わきなどにクッションやタオルを置いて体を固定します。

首を打った

頭や首の周りにクッションやタオルを置いて、動かないように固定します。

胸を打った

上半身を起こして布団など柔らかいものに寄り掛からせ、衣服を緩め、冷たいぬれタオルで胸を冷やします。頭を低くして寝かせてもよいでしょう。

安易に動かさない

高所からの落下などで意識がない場合は、抱き上げたり揺すったりしないようにしましょう。体の内部に出血や骨折がある場合や、内臓出血やろっ骨骨折、けいずい損傷など深刻なケースのおそれもあります。

家庭での注意点

●直後はなんともなくても、急変することもあるので、3日程度はようすを見てもらいます。
●吐いたり、黒い便・血尿が出たりしたら病院へ。

脱臼（だっきゅう）・ねんざ

子どもの関節は柔らかいため、ちょっとしたことで脱臼することがあります。
また、ぶつかったり、転んだりしたときにねんざするケースも。
それぞれ見分けがつきにくいので、慎重に対応しましょう。

こんなときは脱臼かも？

- ☐ ひどく痛くて関節が動かせない
- ☐ 関節に力が入らず、だらりと下げている
- ☐ 腕や手足など、脱臼したと思われる部位の左右の長さが違っている

あご・ひじ・ひざ・指
は脱臼しやすいので、
ていねいに観察を。

あご
ひじ
指
ひざ

病院へ

脱臼の疑いが少しでもあれば、必ず病院へ。しろうと判断で関節を引っぱったり、押し込んだりしてはいけません。

🛈 **こんなときには骨折の可能性が**
痛みやはれの度合いがひどく、激しく泣く場合は骨折を疑いましょう。骨の位置がずれて見た目に変形がわかる、おかしな動き方をする、内出血がひどくはれ上がるなどの場合も、骨折のおそれがあります。

→P.16をCheck！

こんなときはねんざかも？

- ☐ 転んだ、打った、ひねったなどして関節に痛みがある
- ☐ 痛めた部位が、はれたり熱を持ったりしている
- ☐ 痛みはあるが、かろうじて動かせる
- ☐ 骨の位置のずれや変形がない（「ある」場合は骨折の疑いを）
- ☐ 腕や足などを痛めた場合、左右の長さの差がない（「ある」場合は脱臼の疑いを）

病院へ

足首の場合、青紫色になり、大きくはれ上がることがあります。原因は足首のじん帯や関節を包んでいる関節包という膜が切れたことによる皮下出血です。直ちに病院で処置を受けましょう。

園で手当てを

- ☐ 痛めたときは泣いたが、まもなくきげんがよくなった
- ☐ 痛みはあるが、ひどくはれてはいない

🛈 すじを痛めていたり、あとではれがひどくなったりすることも。緊急性がない場合でも、保護者に受診してもらうようにお願いしましょう。

園での応急手当て

脱臼の場合

❶ 痛みのある周辺を冷やす

痛みを和らげるため、氷のうや保冷剤、冷たいぬれタオルなどで冷やします。

❷ 痛めた部位を動かさないようにしながら病院へ

応急手当てが終わったら、すぐに受診しましょう。痛めた部位を動かさないように注意して病院へ移動します。

⚠ 腕を脱臼して動かせないほど痛がっている場合は、三角巾で腕を支えます。あごの脱臼の場合も、三角巾であごを支えるようにしばります。

ねんざの場合

❶ 足首の場合、くつを脱がせる

足首をねんざすると、はれてくつを脱がせられなくなる場合があるので、まずはくつを脱がせます。

❷ 痛みのある周辺を冷やす

はれや内出血を抑えるため、痛む部位だけでなく周辺も含めて、すぐに冷やします。たっぷりの氷を入れたビニール袋や氷のう、保冷剤をタオルの上から当て、20〜30分は冷やし続けます。

NG 冷却スプレーは、凍傷になることがあるので子どもには使用しないようにします。

❸ 固定する

ねんざした部位が動かないように、包帯で固定します。足の場合は、タオルやクッションなどを当てて、高くしたまましばらく安静に。包帯の上から冷やし続け、痛みが治まるのを待ちます。

園でできる予防

脱臼はくり返しやすく、脱臼ぐせのある子どもは注意深くようすを観察します。腕の場合は引っぱらないようにし、肩の場合は押したりたたいたりしないようにするなどして予防します。ほかの子どもにも伝えておきましょう。

頭の打撲

頭を打ったときは冷静に観察することが大切。
すぐに泣き、はれがあってもきげんが戻ればひと安心ですが、ぼんやりしたり、
吐く、青ざめるなどの症状が見られたりしたらすぐに病院へ。

Check!

- [ ] 頭部に傷やへこみ、
  はれがないか
- [ ] 出血していないか
- [ ] 手足の動きに異常はないか
- [ ] どこで、何で頭を打ったか

急いで救急車を

- [ ] 意識や呼吸がおかしい
- [ ] 名前を呼んでも、ぐったりして
  応えない
- [ ] 吐き気やおう吐がある
- [ ] 耳や鼻から血や水のようなものが
  出ている
- [ ] けいれんを起こした
- [ ] 傷口が大きく開いている、
  または出血がひどい
- [ ] 頭部にへこみがある、変色している
- [ ] 目が見えにくいと訴える
- [ ] 手足がしびれ、よく動かせない

❶ 救急車の到着まで、吐いたものがのどに詰まらないように、顔を横に向けて寝かせておきます。

病院へ

- [ ] 激しい頭痛を訴える
- [ ] 顔色が悪くてぼんやりしている
- [ ] 打ったところがブヨブヨしている、
  押すとへこむ
- [ ] 傷口が開いている

こんなときはひとまず安心

頭を打った直後に激しく泣いても、しばらく冷やし、安静にしたあと元気が戻り、食欲もふだんどおりであれば、ひとまずだいじょうぶです。

❶ **数時間後に以下の症状が出たら、すぐ病院へ**
1〜2時間たってから頭の痛みを訴えたり、おう吐、けいれん、まひなどが起こったりすることもあります。ようすがおかしいと感じたらすぐに受診を。ひどくはれたり、青紫色に変色しているときも要注意です。

❶冷やす

打ったところがはれている場合は、冷たいぬれタオルか、市販の冷却シートを貼って冷やします。氷のうを使う場合は、重みがかからないように。

❷安静に休ませる

打ったところを下にしないように、クッションやタオルなどで体を支えて、寝かせます。まだ痛むようなら冷やしましょう。つき添いながら、ようすを見ましょう。1～2時間は外あそびは控えます。

❸経過を観察する

打った部分がひどくはれたり、変色したりしてきていないか観察し、変化が激しいようなら病院へ。ようすがおかしいと感じたら、すぐに病院で受診できるように、注意深く観察します。

出血しているとき

頭の傷は浅くても出血量が多いものです。子どもが動揺しないように、落ち着いた態度で接しましょう。清潔なガーゼなどを厚く重ねたもので傷を押さえて止血し、傷が大きいときは病院へ行きましょう。 止血の方法→ P.9、P.45

家庭での注意点

- ●激しい運動は避け、強く頭をぶつけていたら入浴は控えるようにしてもらいましょう。
- ●安静にさせ、子どもの観察を。いつもと違うようすがあったら、念のために病院へ。

骨折

子どもの骨折は、打撲やねんざと見分けにくいものです。
疑わしいときはすぐに受診しましょう。
手足の指、鎖骨など小さな部分は特によく観察を。

Check!

- ☐ どこが痛そうか
- ☐ どこで、どのようにけがをしたか
- ☐ 動かせないところはないか

急いで救急車を

- ☐ 骨が皮膚を突きやぶって
  飛び出している
- ☐ 意識、呼吸がおかしい
- ☐ 頭、目の周囲や鼻の骨折の
  おそれがある
- ☐ 出血がひどい
- ☐ 首、腰、背中を痛めたおそれがある

病院へ

- ☐ 患部が変形している
- ☐ 患部周辺が不自然に曲がっている
- ☐ 痛くて動かせない
- ☐ 患部がはれ上がり、
  皮膚が変色している
- ☐ 転んだあと、痛くて立ち上がれない
- ☐ 力が入れられない、
  曲げられないところがある
- ☐ 首、腰、背中を打ち
  動けない、座れない

❗ 骨折が疑われる場合、必ず受診しましょう。

こんなときも骨折かも？

子どもの骨は柔らかいため、ポキリと骨折することはあまりなく、木がしなるようにぐにゃっと曲がる「若木骨折」と呼ばれる骨折が多いといわれています。しろうと判断せず、右の場合も骨折の可能性を疑い、早めに病院へ。

- ☐ 触ると痛がる箇所がある
- ☐ うまく動かせない、
  曲げられない箇所がある
- ☐ はれがどんどんひどくなる
- ☐ いつまでたっても痛がる

園での応急手当て

① 出血しているときは止血する

傷がある場合、洗えるようなら流水で傷口を洗い、清潔なガーゼなどで覆って止血します。ただし、骨折部分を無理に動かさないことを優先します。

② 患部が動かないようにする

骨折した箇所が動いたり、体重がかかったりするとよけいに痛みが出るので、患部に負担がかからないように固定します。添え木以外のもので代用してもかまいません。移動できるように応急手当てをしたら、すぐに整形外科を受診します。

楽になるかな？

NG 無理に患部を伸ばしてはいけません。応急手当ての添え木は骨の位置を矯正するものではありません。患部が曲がっているならそのままの形で、子どもが楽な姿勢・状態になるように当ててあげましょう。

固定のしかた

| 手・指 | 腕 | 足 | 鎖骨 |

添え木のほか、ボールペン、えんぴつなどの筆記用具、かまぼこ板、厚紙など、大きさが合うものを患部に当て、包帯などでしばって固定します。

添え木のほか、定規、雑誌など、大きさが合うものを患部に当てて固定し、三角巾で吊って支えます。

足の裏や足首に、L字形の添え木または表紙の硬い本、定規など代用できるものを当てて固定します。すねやひざの場合は、傘やまくら、毛布などで代用しても。

腕が持ち上げられなくなるため、三角巾で吊り、さらにその腕を体に固定します。

家庭での注意点

●汗などでギプスの中が蒸れ、かゆくなることも。ドライヤーの冷風などを当てると、気分が変わりよいでしょう。

●ギプスを着けていると動きが制約されます。転んだり、思わぬけがをしたりすることもあるので、注意を。

鼻血

ぶつけたりいじったりすることで、鼻の粘膜が傷つき出血します。
くり返すこともありますが、短時間で止まるなら心配はありません。
出血量が多いときや、頭を打っての出血は病院へ。

Check!

- ☐ 鼻血の出た原因は何か
- ☐ 出血の量と時間はどのくらいか
- ☐ 鼻血の前に頭を打っていないか

病院へ

- ☐ 頭を打ったあとに鼻血が出た
- ☐ もうろうとしている
- ☐ 15分以上圧迫止血しても、出血が続く

園での応急手当て

❶鼻をつまんで止血

やや前かがみでいすに座らせ、10分ほど小鼻の少し上をやや強めにつまんで圧迫止血します。口にまわった血は吐き出させます。いすに座っていられない子どもは、だっこするか鼻血の出たほうを下にして横向きに寝かせます。

❷脱脂綿を詰める

ある程度出血が治まったら、鼻の穴に丸めたティッシュペーパーや脱脂綿などを詰めます。鼻の奥まで詰めないようにしましょう。鼻をかんだり、こびりついた血を無理にはがしたりすると、再出血しやすいので注意を。

❸冷やして安静に

冷たいぬれタオルで鼻を冷やし、しばらく安静にさせ、ようすを見ます。のぼせて鼻血を出す場合もあるので、室温管理に注意しましょう。

NG「上を向かせる」「あおむけで寝かせる」「首すじをトントンたたく」などは、鼻血がのどにまわりやすくなるのでやめましょう。

ひんやり

家庭での注意点

●傷ついた粘膜から再出血しないよう、鼻を強くかまないように注意してもらいましょう。
●鼻をほじるくせがある子どもは、できるだけ鼻をいじらせないよう伝えましょう。

つめ・指のけが

園で特に多いのが指のけがです。
ちょっとしたけがから深刻なものまでさまざまですが、
骨折や突き指などの症状は見逃さないように観察を。

つめのけが

病院へ

- ☐ つめがはがれた
- ☐ つめが大きく欠けて出血した

園での応急手当て

● はがれたとき

傷口を流水で洗い、持ち上がったつめをそっと戻し、清潔なガーゼで覆って病院へ。

● 欠けたとき

出血がない程度なら、引っかからないようにつめを整え、傷パッドを貼ります。出血があるなら流水で洗い、必要なら病院へ。

突き指をした

病院へ

- ☐ 指がはれて痛みがある
- ☐ 指が短くなったように見える
- ☐ 指を曲げにくいか、
  曲げられない
- ☐ 指が曲がったまま動かない
- ☐ 指を動かせない
  （脱臼か骨折、けんの損傷の可能性）

園での応急手当て

氷のうや保冷剤、冷却シートなどでしばらく冷やすと痛みが和らぎます。

NG 突き指をすると指が短くなったように見えますが、引っぱってはいけません。断裂したじん帯の傷がさらに悪化してしまいます。

20

指をはさんだ

病院へ

- ☐ 手や指がひどくはれている
- ☐ 内出血して変色してきた
- ☐ 指が動かない、曲がらない
- ☐ 骨折やけんを傷めた疑いがある

園での応急手当て

けがを確認し、流水でしばらく冷やして、指が動かせるかチェックします。動かせればひとまず安心ですが、痛みが続くようなら、氷のうや保冷剤、冷却シートなどで冷やします。

指を切った

急いで救急車を

- ☐ 指を切断・つぶした
- ☐ 傷口が大きく、
  出血が止まらない

⚠ 救急車が来るまで、傷口に清潔なガーゼを巻き、心臓より高い位置で指のつけ根を押さえて止血します。

切断した場合は、切れた指を洗わずにラップで包み、上からガーゼで包んで保護します。さらにビニール袋に入れて固く口を閉じ、ビニール袋か密閉容器に氷と一緒に入れて冷やしながら病院へ。

園での応急手当て

小さな傷なら、傷口を流水で洗い、指のつけ根を押さえて止血し、傷パッドを貼ります。

21

誤飲・誤食

誤飲・誤食は命にかかわる場合があります。何を口に入れたかすばやく把握し、
一刻も早く吐かせる・吐かせないを判断して対応しましょう。
日ごろから対処法を知っておくことが大切です。

Check!

- □ 何を誤飲・誤食したか
- □ 意識・呼吸はあるか

急いで救急車を

- □ 意識がない、呼吸がおかしい、
  血液を吐いた、けいれんしている、
  口から異臭がする、口がただれている
  などの中毒症状がある
- □ ボタン、硬貨、小さなおもちゃなど異物を
  飲み込んだ（窒息の可能性がある）
- □ ラップ、風船などがすぐに取れない

❗ 救急車が来るまで、うつぶせにします。吐かせてよい場合は、
たたいて吐かせる努力をします。

何を飲んだかで対応が変わります。空き容器などから、
何をどれくらい口にしたか確認し、病院へ行く際に容器も持参しましょう。

誤飲した！

吐かせる　→ 吐かせたら、すぐ受診

胃で吸収されるものを誤飲した場合は、できるだけ早く吐かせましょう。誤飲したものを薄めて吐きやすくするために、基本は水か牛乳を飲ませますが、飲ませてはいけないものもあるので注意してください。

牛乳を飲ませてはダメ

●防虫剤

　防虫剤は、牛乳に含まれる脂肪に溶けやすいので、牛乳を飲ませると毒物の吸収を早めます。そのため水を飲ませましょう。

何も飲ませない

●たばこ

●灰皿の水

　たばこは、水や牛乳を飲ませるとニコチンが水分に溶け出して、胃に吸収されやすくなるので何も飲ませないで！

吐かせない　→ すぐ受診

●酸性・アルカリ性の洗剤、漂白剤

●ガソリン、灯油

●塗料

●画びょう、釘　など

漂白剤などの酸性・アルカリ性製品は、吐かせると食道などの粘膜を傷つけます。また塗料などの揮発性のものは、無理に吐かせると気管に入り肺炎を引き起こす場合も。画びょうなどの先がとがっているものも、吐かせると食道の粘膜を傷つける危険性があります。

＊吐かせないものの中には、水や牛乳を飲ませていいもの、飲ませてはいけないものがあります。迷ったときは中毒110番で確認を。

ボタン電池を誤飲したら すぐ受診を！

ボタン電池は、誤飲して体内にとどまると、電流が流れて周囲の組織を傷つける危険性が。すぐに医療機関を受診しましょう。

迷ったら中毒110番へ

公益財団法人日本中毒情報センター

◆一般市民専用電話
　（応急手当や受診の必要性などのアドバイス）

大 阪 ☎072−727−2499
（365日　24時間対応）

つくば☎029−852−9999
（365日　9時〜21時対応）

◆たばこ専用電話
　（自動音声応答による一般市民向けの情報提供）

☎072−726−9922
（365日　24時間対応）

※いずれも情報提供料は無料。

詰まったものの吐かせ方

●幼児の場合

腰を抱いて前かがみにさせ、背中を4〜5回強くたたきます。

後ろ向きに抱え、片方のこぶしを子どものみぞおちに当てます。もう片方の手でこぶしを引きつけるように圧迫します。

●乳児の場合

ひざの上に、子どもの頭を低くしてうつぶせに抱き、手であごを支え肩甲骨のあいだを4〜5回手早くたたきます。

足首を持って逆さにし、肩甲骨のあいだあたりを強くたたきます。

NG 乳児は骨折のおそれがあるのでみぞおちを圧迫してはいけません。

口の中に異物が見えるとき 指で舌を押し下げ、異物を取り出します。口を開けないときは横向きに寝かせ、親指とひとさし指を口に差し入れて、がまぐちを開けるように交差させると口が開きます。

誤飲・誤食したときの吐かせ方

❶水分を飲ませる

何かを飲ませて差し支えないなら、毒素の吸収を抑えるため、水か牛乳をできるだけたくさん飲ませます。

❷吐かせる

片ひざを立て、その上に子どものおなかをのせ、頭を低くさせます。口の中に指を入れ、舌のつけ根を押し下げて吐かせます。

NG 吐かせてはいけないとき

●何を飲んだかわからない

●血液を吐いた

●窒息や中毒症状で意識がない、またはけいれんしている

園でできる予防

3歳までの乳幼児の場合、直径38mm以下のものは誤飲・誤食事故の原因になる可能性があります。小さなおもちゃやクリップなど、身近な日用品も要注意。洗剤、殺虫剤などはもちろん、誤飲・誤食の危険があるものは子どもの手の届かないところに置くことを徹底しましょう。

25

目に異物が入った

床や地面などに顔を近づけがちな子どもは、目に異物が入ることも多いものです。
こすらせないようにして、何が入ったかすばやく確認し、
「洗う」か「洗わず受診」かを判断しましょう。

Check!

- ☐ 何が目に入ったか
- ☐ 目の痛みはどの程度か
- ☐ 充血しているか
- ☐ 異物はどこにあるか

急いで救急車を

☐ 金属片、ガラス、木片、枝、針など
　硬いものがささった

⚠ 眼球に異物がささっているときは、触ったり水で洗い流そうとしたりしてはいけません。清潔なガーゼで目を覆い、大至急救急車を手配します。

園で手当てを

以下のような異物が入ったときは、園で手当てをしてようすを見ましょう。どうしても異物が取れなかったり、異物は取れても充血がひどくなったり、痛みがひどい、まぶしがるなどの症状が出てきたら、受診します。

☐ 小さなごみ、ほこり、砂などが
　入った

☐ シャボン玉液が入った

☐ シャンプー、せっけん、洗剤などが
　入った

病院へ

異物を流水で洗い流して、急いで病院へ。

☐ 油が入った

☐ 熱湯が入った

☐ 化学薬品が入った

☐ トイレ用洗剤が入った

☐ 何が入ったかわからないが
　激しく痛がる

☐ 痛くて目が開けられない

☐ 白目がまっかに充血している

☐ 目を指などでつつき、
　痛み・充血がひどい

☐ 目が開けられないほどまぶしがる

園での応急手当て

①洗い流す

目から異物を洗い流します。やりやすい方法を選びましょう。

流水

流水で洗い流します。薬品などが入った場合は10分以上洗い流しましょう。水道蛇口でのほか、異物が入ったほうの目を下にして横向きに寝かせ、やかんやきゅうすで水を流し続けます。

目薬

しみないタイプの目薬を差し、洗い流します。

洗面器

水の入った洗面器に顔をつけて、目をぱちぱちさせて洗い流します。コップに水を入れて目に当て、ぱちぱちさせてもよいでしょう。

②異物が取れたか確認する

よく見えるよう明るい場所で子どもの目を調べます。しっかり洗った清潔な手で、上まぶたは返し、下まぶたはあかんべえをするように引きさげて、異物がないか確認します。まだ残っているときは、水でぬらしたガーゼで優しくふき取ります。異物が見当たらないのに痛がるときは、病院へ。

ガーゼ

子どもに目をこすらせない

異物が入った状態で目をこすると、眼球を痛めます。薬剤などが入った場合も、眼球に広がってしまいます。子どもが目をこすろうとしたら手を押さえて、こすらせないようにします。

家庭での注意点

●しばらくたっても目を気にするようなら、異物が確認できなくても眼科を受診してもらいましょう。

鼻に異物が入った

子どもは種や豆など小さなものを鼻に入れてしまったりと、思いがけない行動をとることがあります。鼻息やくしゃみで異物を出すように、じょうずに促していきましょう。

Check!

- ☐ 何が入ったか
- ☐ 痛み・出血はあるか

病院へ

- ☐ 異物が入り、出血している
- ☐ 異物が取り出せない

こんなときには鼻に異物が入っているかも？

頻繁に鼻をいじる、口呼吸をして息苦しそう、かぜを引いていないのに鼻水が出ているなどの場合は、鼻に異物が入っているかもしれません。鼻水がにおうときは、長いあいだ異物が放置されている可能性を疑い、耳鼻科を受診してもらいましょう。

園での応急手当て

鼻を強くかませる

反対の鼻の穴を押さえて、ふんっ！ と強く鼻をかませると、出てくることがあります。

くしゃみをさせる

ティッシュペーパーでこよりを作って反対の鼻の穴をくすぐり、くしゃみをさせると取れることがあります。

NG 指やピンセットなどで異物を無理に取ろうとすると、鼻の粘膜を傷つけたり、かえって奥に押し込んだりしてしまい、ときには気管に入ってしまうこともあります。ぜったいに避けましょう。

耳に異物が入った

何かの拍子に虫や水、異物が耳に入ることも。耳の気持ち悪さを
訴えたり、耳を気にするそぶりがあったりしたら、確認しましょう。
乳児は自分で異物を入れてしまうこともあるので、要注意。

Check!

- ☐ 何が入ったか
- ☐ 異物はどこにあるか

病院へ

- ☐ 異物が見えない
- ☐ 虫が入って取り出せない
- ☐ とがったものがささった
- ☐ 血が出ている
- ☐ 耳だれがある

園での応急手当て

水が入った

❶ トントンして水を抜く

水が入ったほうの耳を下にして顔を傾け、片足で
トントンと飛び跳ねさせます。それができない子
どもや乳児の場合は、水が入ったほうの耳を下に
してタオルを当てて寝かせ、反対側の耳をトントン
と軽くたたきます。

❷ 綿棒に水を吸わせる

トントンしても水が出てこない場合は、綿棒に水
を吸わせます。

虫が入った

光を当てる

懐中電灯の光を耳の中に当て、虫を誘い出します。

ベビーオイルを垂らす

少量のベビーオイルを耳の穴に垂らし、虫を窒息
させます。窒息した虫は病院で取り除いてもらい
ましょう。

NG 耳の中の異物を先のとがったピンセットで無理に
つまみ出そうとすると、耳の内部を傷つけるおそ
れがあるのでぜったいにやめましょう。

家庭での注意点

- ●しばらくしても不快感や違和感を訴えるときは、耳鼻科を受診し
ましょう。
- ●耳に虫が入った場合、本人には、思いもよらない大きな音を感じ
ます。虫が取れたあとも気持ちが落ち着くようにしてあげましょう。

やけど

ちょっとしたすきに起こるやけどの事故。
場合によっては命にかかわったり、あとが残ったりすることもあります。
一刻も早く十分に冷やして、必要なら病院へ！

Check!

- [ ] **どこをやけどしたか**
- [ ] **どのくらいの体表面積か**
- [ ] **体表面積の10%を超えているか**
  （乳児は10%以上のやけどは命にかかわります）
- [ ] **皮膚の状態は？**

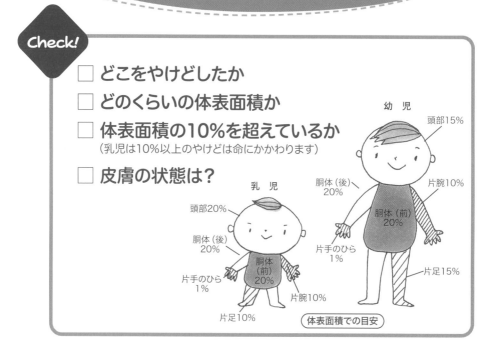

幼児
頭部15%
胴体（後）20%
片腕10%
胴体（前）20%
片手のひら1%
片足15%

乳児
頭部20%
胴体（後）20%
胴体（前）20%
片手のひら1%
片腕10%
片足10%

体表面積での目安

どんなやけども直ちに冷やす！

急いで救急車を

- [ ] 体表面積の10%以上のやけど
- [ ] 頭、顔、肛門、性器周辺のやけど
- [ ] 皮膚が焼けて黒くなっている
- [ ] 皮膚が青白くなっている

🛈 救急車が来るまで、ぬらした布やタオルにくるむなどして冷やし続けます。

病院へ

- [ ] 水ぶくれになった
- [ ] 皮膚がぐちゃぐちゃになった
- [ ] 患部に服がくっついて取れない
- [ ] 関節（動きやすいところ）をやけどした
- [ ] 足首から下、または手首から先のほとんどをやけどした
- [ ] 低温やけどをした

❶ 服は無理に 脱がさない

服の上からやけどをした場合、無理に服を脱ごうとすると、布と貼りついて、皮膚がむけてしまいます。服の上から冷やしましょう。

❷ 冷やす

氷水を入れた洗面器やベビーバスなどにつけるか、水道の流水やシャワーで患部を冷やします。水の勢いが強すぎると患部の皮膚を痛めるので注意します。痛みの感覚がなくなるまで、20〜30分は冷やし続けましょう。

❗ 乳幼児は冷やしすぎると低体温になることも。寒がったり、震えたりしたら体の保温をしましょう。

❸ 患部を保護する

何も塗らずに、清潔なガーゼで患部をそっと覆い、ガーゼが落ちないようにテープでとめるか、包帯を緩く巻きます。水疱になったとき、皮膚がただれているときは病院へ。水疱がやぶれてしまったら、外膜は取らずにそのまま残して病院に行きましょう。

こんなときはこう冷やす

広い範囲

服は脱がせずに、着衣のまま水をかけて冷やします。

顔のやけど

弱めのシャワーで冷やすか、氷を包むなどしたタオル、保冷剤などで冷やします。

口の中のやけど

氷水で何度もうがいをくり返させます。せまい範囲であれば、氷をなめて冷やします。

裸の場合

そのまま水をかけると、皮膚がむけてしまうおそれがあります。ぬらしたバスタオルで体をくるんでから、冷水のシャワーで冷やしましょう。

低温やけどに注意

子どもは皮膚が薄いので、使い捨てカイロやあんか、湯たんぽ、ホットカーペットなどで低温やけどをすることも。低温やけどは皮膚の深部までダメージを受けるので、気づいたらすぐに病院へ行きましょう。

園でできる予防

やけどは予防策を取ることで避けられるけがです。子どもにやけどの危険を伝え、熱いものに近づいたりふざけたりしないように気を配ります。毎日の給食の配ぜん時、クッキングで熱いものがあるときなどは、特に注意を促します。暖房器具は周囲に囲いをして、直接触れられないようにしましょう。

熱中症

熱中症は屋外だけでなく屋内でも起こることがあります。
子どもの場合、急激に悪化するので、症状の度合いをすばやく判断し、
水分補給や体を冷やすなど、症状に適した対応をしましょう。

Check!

- ☐ 意識はあるか
- ☐ 気持ち悪そうか
- ☐ 体温、体の熱さは？
- ☐ 水分をとれるか

急いで救急車を

- ☐ 体温が40℃以上ある
- ☐ ぐったりして水分を受けつけない
- ☐ けいれんしている
- ☐ 意識がない

病院へ

- ☐ 吐き気がある
- ☐ 頭痛がある
- ☐ 体温が高い
- ☐ 元気がなく、ぐったりしている
- ☐ 耳、おでこがほてっている
- ☐ おしっこが出ない
- ☐ 手足が冷たい
- ☐ 顔色が悪い

❗ 数十分のうちに容体が悪化することもあります。
ようすに注意し、悪化する兆しがあったら救急車を！

〈段階別熱中症の症状〉

第1段階（軽症）	第2段階（中等症※医療機関へ）	第3段階（重症※入院治療が必要）
「熱失神・熱けいれん」	「熱疲労」	「熱射病」
・顔色が悪い ・めまいや立ちくらみでフラフラする ・呼吸や脈が速い ・運動中に足がつる、おなかの筋肉がけいれんを起こすなど、いつもの動きと違う	・元気がなく、ぐったりしている ・体温が少し高い ・頭が痛い、気持ちが悪いと訴える ・吐き気やおう吐がある ・手足が冷たくなり、青紫色に変色している	・体温が高い ・ぐったりして意識がもうろうとしている ・反応が鈍い ・言動がおかしい ・全身のけいれんがある

園での応急手当て

① 涼しいところへ移し、衣服を緩める

木の陰やクーラーの効いた室内へ移動させ、頭と足を高くして寝かせます。衣服を緩めて、こもった熱気を逃がし、休ませます。

② 体を冷やす

水をかけたり、ぬれタオルを当てたりして、体をできるだけ冷やします。そのあと、うちわなどで風を当てて、体にこもった熱を下げます。頭、おでこ、首の下、わきの下、足のつけ根などに氷のうや保冷剤などを当てて冷やします。

⚠ 大量の汗をかいたあと、または体を冷やしているうちに、体温が低くなりすぎて震えが出てきたら、保温して救急車を呼ぶか、急いで病院へ行きましょう。

③ 水分をとらせる

汗をかくと、体から水分だけでなく電解質（カリウムやナトリウムなど）も失われているので、小児用スポーツドリンクや薄い食塩水を飲ませます。一度にたくさん飲ませようとせず、少しずつこまめに与えます。意識がもうろうとしているときに飲ませると、気管に入ることもあるのでやめましょう。

意識がないときは

涼しいところに移動させ、呼吸がなければ気道確保をします。必要に応じて人工呼吸、心臓マッサージなど「救命処置」（→P.42～44）を行います。その後、上記の手当て①～②を行いながら救急車を待ちます。

園での予防

子どもを熱中症から守るために、以下のことを心がけましょう。

- ●外あそびには、帽子の着用を。
- ●気温の高いときは、日ざしの強い時間帯の外あそびは控えます。
  プールや砂場などには遮光ネットを張り、直射日光を避けましょう。
- ●脱水症状を避けるために、水や麦茶などをこまめにとらせましょう。
- ●洋服は綿など汗をよく吸う素材で、風通しのよいものを。
  乳児のつなぎタイプの下着は、熱がこもりやすいので注意を。
- ●室内でもエアコンなどの温度管理、風通しに気をつけましょう。

動物にかまれた

かまれると雑菌が入り化のうすることも少なくありません。
子どもの動物への接し方にも気を配りましょう。子どもどうしのかみつきは
かまれた子・かんだ子双方の心のケアにも配慮しましょう。

Check!

- [ ] どこをかまれたか
- [ ] 何にかまれたか
- [ ] 出血や傷のようすはどうか

急いで救急車を

- [ ] 傷がたいへんひどく、多量の出血がある
- [ ] へびにかまれた

⚠ **へびにかまれたらすぐに救急車を！**
かんだへびが毒へびかどうかを判断するのは難しいので、へびにかまれたら救急車を呼びましょう。万が一、毒へびだった場合は一刻を争います。

病院へ

- [ ] 動物に強くかまれた
- [ ] 顔を強くかまれた
- [ ] 止血をしても出血が止まらない
- [ ] 傷口が大きい、深い
- [ ] 動物に目をひっかかれた
- [ ] 動物に目をつつかれた

⚠ 傷が浅く、園で手当てした場合も、経過をよく見ましょう。あとからじくじくしたり赤くはれてきたりしたら病院へ。

動物 (いぬ、ねこ、とり、うさぎなど) にかまれた

園での応急手当て

❶ 傷口をよく洗う

流水・せっけんでよく洗います。動物に傷つけられた場合、動物には破傷風菌や狂犬病ウイルスのほかにも雑菌が多いため念入りに。傷パッドを貼るときは、洗ってからにします。

❷ 冷やす

歯形が残ったり、内出血したりしている場合は、氷のうや保冷剤などで冷やします。

⚠ かまれた子どもに動物アレルギーがあったり、狂犬病の予防接種をしていないいぬにかまれたりすると重篤な症状になることも。すぐに確認し、病院へ行って、そのことを伝えます。

へびにかまれた

❶ 傷口より上をしばる

毒が全身にまわらないように、傷口より10cmほど心臓に近いところをハンカチやガーゼなどでしばります。

❷ 安静にして運ぶ

傷の部分を心臓より低くして安静にし、救急車に乗せるときも静かに運びます。

子どもにかまれた

❶ 冷やす

歯の圧迫による内出血がある場合が多いので、傷口をガーゼなどで覆い、保冷剤や氷のうなどで冷やします。

❷ 止血する

小さな傷で出血がある場合は、洗い流してから止血します。流水で洗い流したら、傷パッドなどで傷を覆い、その上から冷やしましょう。

大きな裂傷のときは

傷を縫う場合もあるので、流水で傷口を洗い流し、清潔なガーゼなどで圧迫して止血し、できるだけ早く病院へ。顔に裂傷を負ったときは、あとが残る心配があるので形成外科へ急ぎましょう。

子どものかみつき

　1～2歳児は、相手の反応への好奇心や興味からかみつくことがあります。また、それ以上の年齢でも、自分の気持ちをことばで表現できなかったり、思いが先走ったりしてしまい、かみつき行動を取ってしまう場合もあります。かみつきが起こったら、まずかまれた子どもの傷の手当てをしながら、「痛かったね」などと声かけをして、ショックを和らげます。かんだ子には「痛いからかんではだめよ」とはっきり伝え、「おもちゃを使いたかったんだよね」と子どもの気持ちを代弁し、「そういうときは、貸してって言おうね」などとことばで伝える方法を教えましょう。

虫にさされた

身近にも毒のある虫がいるので注意を。特にはちに複数回さされると
ショック状態を引き起こし、死に至る危険があることを知りましょう。

はちにさされた

急いで救急車を

☐ すずめばちにさされた
☐ ショック状態である
（呼吸困難、発汗、意識障害、おう吐、
発熱、赤い発しんなどの症状がある）

病院へ

☐ たくさんのはちにさされた

園での応急手当て

❶ 針と毒を抜く

針が残っていたら、消毒したとげ抜きで抜くか、粘着テープを貼り
つけて取ります。傷の周囲を指でギュッとつまみ、毒を押し出します。

❷ 傷・はれの手当てをする

傷口をせっけん・流水で洗い、はれや熱があれば冷やします。ショッ
ク状態になっていないか観察を続け、少しでも変化があれば病院
へ急ぎましょう。

毒蛾（どくが）・毛虫にさされた

病院へ

☐ ひどい痛み・かゆみが
ある
☐ ひどいはれがある
☐ 毒毛が取れない

園での応急手当て

すぐに毒毛やりん粉を取り除きましょう。
毒蛾（どくが）のりん粉や毛虫の毒毛が体のほかの
部分につくと毒が広がるので、触れないよ
うにし、流水で洗い流すか、粘着テープ
で取り除いてから流水で洗い流します。か
ゆみ・痛みは冷やすと和らぎます。応急
手当てをしたら皮膚科を受診しましょう。

ペ
た
ぺ
た
た

かにさされた

園での応急手当て

❶ 患部を洗う

せっけんと流水でさされたところをよく洗います。

❷ かゆみを抑える

かき壊さないように、市販のかゆみ止めを塗ります。
はれやかゆみがひどいようなら冷やします。

とびひに注意

虫さされをかき壊してしまうと、黄色ブド
ウ球菌などに感染し、とびひになることも。
かいてしまうときは通気性のよいガーゼや
ばんそうこうなどで傷口を覆いましょう。と
びひになってしまったら、必ず病院へ。抗
生物質での治療が必要です。

とびひ→P.85

かぶれた

接触性皮膚炎は、個人差が大きく、くり返し起こる可能性が高いものです。
かぶれたら記録に残して園で情報を共有することが、予防につながります。

病院へ

- ☐ 水疱があって、ただれている
- ☐ かゆみが治まらない
- ☐ かきむしって、とびひになった

かぶれの原因

かぶれの原因にはアレルギー性のものと刺激性のものがあります。さくらそう・うるし・ぎんなんなどの植物のほか、だに、薬品類、洗剤など原因にはさまざまなものがあり、まれに砂場の砂など、ふだんは反応しないものでも体調によってかぶれる場合もあります。

園での応急手当て

❶ 着替えさせる

原因物質が衣服に付着していると、さらにかぶれが広がるおそれがあります。着ている衣服が子どもの肌に触れないように、注意して着替えさせます。

❷ 患部を洗う

流水でかぶれた部分を洗い流します。このとき水しぶきなどが体のほかの部分に飛ばないように気をつけます。

❸ かゆみを抑える

市販のかゆみ止めを塗り、かかないように冷たいタオルなどを当てて、かゆみを抑えます。清潔なガーゼで患部を保護した上から冷やしても。

とげがささった

とげは焦らないで抜きましょう。不衛生な場所でささったり、
深くささって取れなかったりするとげは、無理をせず病院へ。

園での応急手当て

❶ 道具を熱湯消毒する

とげ抜き、針、ピンセットなど、使う道具をすべて熱湯消毒します。

❷ とげを抜く

とげ抜きで、とげを引き抜きます。とげの頭が出ていないときは、周囲の肉をつまんで押し出したり、針やピンセットを使ったりして、頭を出します。

❸ 傷口を覆う

傷口を流水で洗い、入り込んだ汚れがあればよく洗い流します。一度消毒し、再度流水で流してから、必要なら傷パッドで覆います。

歯が折れた・抜けた

事故で折れたり、抜けたりした歯は、再植手術を行う
歯科医院・病院なら治る場合があります。
適切に対処し、一刻も早く処置を受けましょう。

Check!

- ☐ 折れた歯・抜けた歯は
  どこか

- ☐ 口の中を切っていないか

病院へ

歯科へ

- ☐ 歯が折れた
- ☐ 歯が欠けた
- ☐ 歯が抜けた
- ☐ 歯がぐらぐらしている

再植手術は
できますか？

再植手術を受ける場合、30分以内に歯科を受診する
必要があります。電話で再植手術を行っているか確認
してから、歯科医院・病院に行きましょう。

口腔外科へ

- ☐ 口の中を切って、出血がひどい

❗ 何日かして歯の色が変わったら

歯をぶつけたときは、何日かたってから歯の神経が
死んで歯の色が変わったり、痛みが出たりすること
もあります。注意してようすを観察し、気になること
があれば保護者に歯科の受診をお願いしましょう。

園での応急手当て

❶ 歯を保存する

取れてしまった歯を探し、歯根に触れないように持ちます。ふたのついた容器に牛乳を入れ、折れた歯・抜けた歯がすっぽり隠れるようにつけます。歯根膜を傷つけず、乾かさずに歯科医院・病院へ運ぶことができます。

NG 水道水や市販のペットボトルなどの水で洗うと、歯根膜が死んでしまうことも。土や血液で汚れていても洗わないように。ティッシュペーパーなどで歯をくるむのも、かえって乾燥させてしまうので厳禁です。

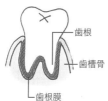

歯根
歯槽骨
歯根膜

❷ 止血する

口から出血していたら、うがいをさせ、清潔なガーゼを当てて止血します。当てにくい位置の場合は、ガーゼや脱脂綿をかませます。

❸ 急いで歯科を受診

再植手術が可能かどうかにかかわらず、初期の治療が肝心。一刻も早く歯科を受診することが大切です。

永久歯の生え替わり

5歳後半から6歳ごろに、乳歯から永久歯への生え替わりがはじまります。
乳歯は自然に抜けますが、ひどく痛がったり、永久歯が正しくない位置から生えてきたりしたときは、一度歯科に行ってもらったほうが安心です。

乳歯がぐらぐらしている

ぐらぐらしている乳歯は、無理に抜かないように伝えます。気にしてずっと触っているようなら、できるだけ気をそらせるようにくふうしましょう。気にし続ける、とても痛むなどの場合は、保護者に歯科の受診をお願いします。

乳歯が抜けたあとに出血した

よくうがいをさせましょう。清潔なガーゼや脱脂綿を当ててかませると、出血は止まります。

抜けた歯はどうする？

園で乳歯が抜けたら、ファスナーつきビニール袋などに入れて、家へ持ち帰ってもらいましょう。子どもには「おとなの歯に生え替わるのね。おめでとう」と言って、成長を祝いましょう。

おぼれた

子どもがおぼれた場合は、呼吸・脈・意識のあるなしを大至急確認し、
手助けを求めましょう。必要なら心臓マッサージや救急車の手配、
体の保温など、一刻も早く適切な手当てを！

Check!

- ☐ **意識はあるか** （名前を呼んで反応を確認）
- ☐ **呼吸しているか** （胸が上下に動いているかを確認）
- ☐ **脈はあるか**
- ☐ **水は飲んでいないか**

急いで救急車を

- ☐ 呼吸していない
- ☐ 意識がない
- ☐ 名前を呼んでも返事がない
- ☐ 心臓が止まっている

❗ 救急車が来るまで救命処置を！
→P.42〜44

病院へ

- ☐ 呼びかけに応えたが、
  ぐったりしている
- ☐ 大量に水を飲んでいる

こんなときはひとまず安心

- ☐ 意識がある
- ☐ 大声で泣いたが、すぐに元気になった

❗ そのときは元気になっても、あとからぼーっとしたりぐったりしたりしているなら、すぐに病院へ。

園での応急手当て

意識があるとき

❶水を吐かせる

片足を立てひざにして、子どものおなかをひざにのせるようにうつぶせにさせ、背中をたたいて水を吐かせます。乳児の場合は、うつぶせに寝かせておなかの下に腕を差し入れ、やや体を持ち上げた状態で背中をたたきます。

幼児の場合

乳児の場合

❷保温する

衣服を着ていたら脱がせて、毛布などで全身をすっぽりくるみ、体が冷えないように温めます。

意識がないとき

呼吸・脈がある

気道確保をして、体を毛布などでくるみ、保温しながら救急車を待ちます。
「気道確保」（→ P.44）

呼吸・脈がない

直ちに心臓マッサージ・人工呼吸を行い、AEDが来たら使用します。救急車が来るまで続けます。
「救命処置」（→ P.42 ～ 44）

園でできる予防

10cm程度の水位の場所でも、乳幼児の水の事故は起こります。もく浴用のベビーバス、幼児用浴槽、園の洗濯機などはもちろん、浅いプールでの水あそび、川や池のある場所への散歩などの際にも、注意を怠らないようにしましょう。また、保育者はできるだけ救命法の講習を受け、万一の事故に備えましょう。

41

救命処置

保育者があわてずに適切な心肺蘇生を行うことが、子どもの命を救います。
特に、乳幼児は人工呼吸を行うことで救命率が上がります。
ぜひ救命訓練を受け、万が一の事故に備えましょう。

子どもが倒れている！

反応を確認
大きな声で呼びかけ、肩をたたいて意識の有無を確認。乳児は足の裏を刺激し、反応を確認する。

外傷がないかなど、容体を見る。必要に応じて119番通報を。出血があれば止血をする。

反応がない　　**反応がある**

助けを呼ぶ
119番通報（通信指令員の指示を仰ぐ）・AEDの手配を依頼する。

呼吸がある

呼吸が止まらないか観察を続ける。必要ならば気道確保をして救急車を待つ。

呼吸を確認
子どもの胸とおなかが上下に動いているかどうか、すばやく見る。

呼吸がない（心停止）・わからない

直ちに

心臓マッサージ（胸骨圧迫）
「強く・速く・絶え間なく」続ける。疲れてくる前にほかの人と交代し、子どもが動きだすか、AEDや救急車が到着するまでノンストップで行う。

気道確保

人工呼吸ができないとき
気道確保や人工呼吸ができない・わからないときは、救急車が来るか子どもが回復するまで、休むことなく心臓マッサージを。

人工呼吸2回
＋
心臓マッサージ30回
上記2つの組み合わせをくり返す

新型コロナ感染症が流行していたら、成人には人工呼吸をしないが、小児には、できる場合は人工呼吸を組み合わせる。

AEDが到着したら

AED装着
機器の音声指示に従う

「除細動終了」または「ショック不要」の指示が出たら、パッドを貼ったまま、救急車が来るか子どもが回復するまで、休むことなく心臓マッサージとAEDの音声指示に従うことを続ける。

心肺蘇生の方法

心臓マッサージ（胸骨圧迫）

| 〈1歳以上〉 | 〈1歳未満〉 |

〈1歳以上〉

❶ 子どもを平らなところに寝かせる。押す位置は胸の真ん中、胸骨の下半分の位置。

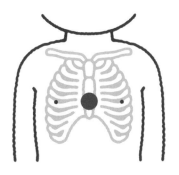

❷ 手のひらの基部で胸が元の厚みの1/3あたりまで沈むようにしっかり力を入れ、1分間に少なくとも100回のテンポで＜押す・力を抜く＞をくり返してマッサージを続ける。

〈1歳未満〉

❶ 子どもを平らなところに寝かせる。押す位置は胸の真ん中、胸骨の下半分の位置。

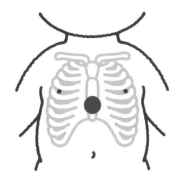

❷ 指2本で押す。押したときに胸が元の厚みの1/3あたりまで沈む程度の力で、1分間に少なくとも100回のテンポで＜押す・力を抜く＞をくり返してマッサージを続ける。

人工呼吸

〈1歳以上〉

気道確保したまま、子どもの鼻をつまみ口を覆う。1秒ほど口から静かに息を吹き込み、胸が軽く持ち上がるのを確認。上がらない場合は口の中に異物がないか確認し、再度、気道確保して息を吹き込む。

〈1歳未満〉

気道確保したまま、子どもの鼻の上部に口角を当て、大きく口を開けて子どもの鼻と口をまとめて口で覆う。1秒ほど子どもの口と鼻の穴に息を吹き込み、胸が軽く持ち上がるのを確認。口よりも、鼻から空気がもれないようにする。

気道確保

子どもをあおむけに寝かせる。片手を額に当て、もう片方の手のひとさし指・中指の2本（1歳未満は指1本）をあご先に当てて持ち上げ、のけぞらせる。

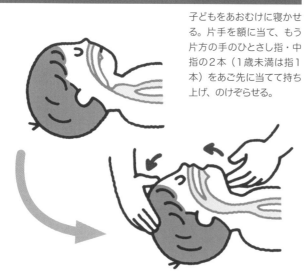

AED

AEDは到着したら、直ちに使用する。電源が入ると音声が流れるので指示に従う。心電図解析が行われ、必要ならば電気ショックを行う。パッドは小児用を使う。ない場合はおとな用でもよい。パッドは救急隊が来るまではがさない。

止血の方法

出血を判断する

✳ 真っ赤な血が噴き出るとき

鮮紅色の血が、脈打つように「ピュッ、ピュッ」と噴き出している場合は動脈性出血。細い血管でも短時間に大出血するので早急に止血処置を。

✳ 黒ずんだ血がわき出るとき

暗赤色の血が持続的にわき出るのは静脈性出血。太い静脈からはどんどん出血するので量も多くなり、手当てが遅れるとショック状態になることも。

✳ にじみ出るとき

傷から赤い血がにじむように出ている場合は毛細血管性出血。しばらく圧迫止血をします。

✳ 内出血しているとき

鼻や耳から血が出ていて意識がないときや、脈拍や呼吸が速いときは内臓から大出血していることもあるので救急車を。内出血で大きくはれた場合も病院へ。

止血する

❶ 傷を覆い、手で圧迫する

清潔な布やビニールなどで傷を覆い、傷口を手でしっかり押さえて圧迫する。片手で押さえて止まらない場合は両手で圧迫したり、体重をかけたりする。

❷ 布でしばる

ある程度止まったら、覆った布の上から、包帯などでしばって固定する。きつく締めすぎず、血が止まる程度の強さでしばるようにする。

❸ 出血部位を高い位置に

固定したら、患部が心臓より高い位置になるようにして安静にする。

止血するときのポイント

●出血性ショックに注意する
体内の血液の20%以上が失われると、ショック状態になることも。脈拍の増加、冷や汗が出る、皮膚が青白くなる、体温が低下するなどのショック症状が出たら、毛布などで震えが止まる程度に体を保温し、急いで救急車を手配する。

●止血帯は安易に使わない
大量出血時などには患部よりも心臓側を止血帯で締め上げ、30分ごとに緩める方法があるが、血管、神経の損傷や、壊死につながることも。どうしても血が止まらない場合などに、119番の通信司令員などの指示に従って行うようにする。

気づくことで子どもを守ろう
児童虐待への対応

毎日子どもたちに接するなかで、おかしいな？　に気づきましょう。
子どもたちを虐待から守るのは、保育者の大切な役割のひとつです。

見逃さないで 虐待のサイン

朝の健康観察や子どもと保護者の接し方などで、子どもの体にけがやようすのおかしいところがないかをチェックします。不自然なことや、けががあれば、保護者にもどうしたのかを聞く習慣をつけましょう。

※該当するからといって必ず虐待が行われているということではありません。複数に当てはまり、くり返し見られるようなら虐待を疑い、注意深く総合的に判断しましょう。

子どものようす

- □ 理由がはっきりしない、不自然なやけどやけがのあとがある
- □ 表情や反応が乏しく、笑顔が少ない
- □ 凍りついたような目で凝視することがある
- □ 身長・体重が年齢平均より少なく、成長の伸び率が悪い
- □ 給食やおやつをむさぼり食べたり、おかわりを何度も要求する
- □ 乱暴なことばづかいが目だつ
- □ かんしゃくを起こしたり、乱暴なふるまいが目だつ
- □ 年齢に見合わない性的な興味、関心、しぐさがある
- □ 年齢不相応に行儀よくしつけられている
- □ 衣類を脱ぐことや体に触れられることを極端にいやがる
- □ 理由がはっきりしない欠席や遅刻が多い

保護者のようす

- □ 人前で子どもをしかったりたたいたり、乱暴に接する
- □ 子どもが泣いても無視したり、子どもの言動に無関心で冷たい
- □ 子どもの衣服や身なりに気をつかわない
- □ ほかの保護者とかかわらずに孤立している
- □ いらだっていることが多い
- □ 保育者を避けたり、反対に必要以上にかかわりを求めてきたりする
- □ 必要な医療処置や予防接種、健康診断を受けさせない

子どもと保護者のかかわり方

- □ 子どもが保護者を怖がって園から帰りたがらない
- □ 子どもが保護者の前でおびえる
- □ 子どもと保護者の視線が合わない
- □ 子どもが保護者を気づかい、親子関係が逆転しているように見える

児童虐待に気づいたら

＊園長や周りの保育者に相談する

何かおかしいな、と気づいたら、ひとりで抱え込まずに周りの保育者に相談します。複数の目で注意深く観察することが大切です。必要ならば児童相談所などの専門機関に通告することも、園の大切な義務です。

＊保護者への対応

まずは慎重に話を聞きましょう。信頼関係を築き、育児不安の解消に努めます。
ぜったいに非難したり、虐待ということばを使ったりしないようにしましょう。

＊子どもへの対応

保育者が子どもにとって信頼できる存在になることが大切です。「愛されている」という実感が持てるよう、スキンシップを。安心して甘えられる環境をつくってあげましょう。

病気の
手当てと対応

子どもの「ぐあいが悪い」に気づくには、日ごろからの
ていねいな健康観察が大切。「いつもと違うかな」と思ったら、
すぐに症状をチェックして、対応しましょう。

発熱

「熱っぽい」は体の不調のわかりやすいサインですが、
子どもは環境や運動量によっても体温が左右されやすいもの。
体温だけでなく "子どものようす" の観察を。
また、高熱の場合、熱性けいれんにも注意が必要です。

Check!

- [ ] **熱は何度？**

- [ ] **子どものようすは？**
  きげん／顔色・表情に
  いつもと違うところはないか

- [ ] **ほかに症状はないか**
  発しん／下痢／おう吐／せき／鼻水
  耳を痛がる（急性中耳炎の可能性）

- [ ] **けいれんしているか** （→ P.62）

急いで救急車を

- [ ] 意識がもうろうとしている
- [ ] 肩で苦しそうに息をしている
- [ ] 異常行動がある（幻覚を見ておびえる、うろつく、突然大声で笑いだすなど）
- [ ] けいれんが5分以上続く
- [ ] 唇やつめが紫色になっている（チアノーゼ）
- [ ] 水分がとれず、口の中がねばねばに乾いている（脱水症状）

お迎えを

- [ ] 体温が38℃以上ある
- [ ] 熱は低めだが、ぐったりしている
- [ ] 下痢やおう吐など、発熱以外にも症状がある
- [ ] 水分がとれず、おしっこが出ない（脱水症状のおそれ）
- [ ] 発しんが出ている
- [ ] けいれんを起こした
- [ ] 白目が異常に黄色い（黄疸が出ている）

❗ 救急車を待つあいだは、衣服を緩めて、楽な状態に。
気道をしっかり確保し、吐いた場合、吐いたものが気管に
入らないように横向きで寝かせます。

❶熱を正確に測る

わきの下にしっかりと体温計をはさみ、すき間ができないように腕を引き寄せるようにしましょう。厚着をさせすぎたり、布団をかけすぎたり、室温が高いだけでも熱がこもり、高く測定されるので注意が必要です。

❷安静にさせる

発熱のほかに症状がなく、食欲があってきげんよくしている場合はそれほど心配しなくてもOK。ただし、外あそびなどは控え、ほかの子どもに感染しないよう別室で過ごさせると万全です。全身が熱いときは厚着を避け、頭部やわきの下、足のつけ根を冷却まくらや保冷剤などで冷やします。寒そうにしていて、元気がないときや手足が冷たいときは、布団、湯たんぽなどで温めるといいでしょう。

❸水分をとらせる

高熱のときは汗をたくさんかくので水分が不足します。脱水症状に気をつけ、意識して水分をとらせるようにします。汗で湿った肌着は体が冷えるのでまめに取り替え、ぬるま湯につけ固くしぼったぬれタオルで、全身をふきましょう。

乳児の熱

乳児は平熱が高いもの。数値に惑わされず全身状態で判断します。また乳児は症状が急に進むことがあるので要注意。母親からの免疫の残る3〜4か月までの乳児で、38℃以上の発熱が見られた場合は至急病院へ。

家庭での注意点

●熱のほかにぐあいが悪いところがないか、発しんが出ていないかなど、経過の観察をするようにしてもらいましょう。
●脱水症状を起こさないよう、少量ずつでも水分を与えるようにしてもらいましょう。

腹痛

子どもはことばが未発達なため、体調不良を「おなかが痛い」としか表現できないことも。
下痢や便秘、冷え以外にもいろいろな原因を考えながら
まずは全身をくまなくチェックします。

Check!

☐ **立って歩けるか**

☐ **体を丸めて泣いていないか**
（乳児の場合）

☐ **子どものようすは？**
きげん／顔色・表情にいつもと
違うところはないか

☐ **ほかに症状はないか**
おう吐／発熱

☐ **うんちの状態は？**
最後にうんちが出たのはいつか
色・形・軟らかさはどうか

☐ **痛がる前のようすはどうだったか**
（乳児の場合）

急いで救急車を

☐ 激しい痛みとともに、
意識がもうろうとしている
☐ 呼吸が荒く、おなかがひどく張っている
☐ 顔色が青ざめ、冷や汗をかく
☐ おなかをひどくぶつけたあとに
激しく痛がる
☐ おう吐をくり返す
☐ おなかの右下あたりを激しく痛がる

お迎えを

☐ 痛みが長時間ある
☐ うんちに血が混じっている、
色がおかしいなど異常がある
☐ 激しい水様性の下痢をしている

園でようすを

☐ おう吐や発熱などほかの症状がなく、
しばらくすると、元気にあそびだす
☐ 食欲がある

❶ 全身をていねいに チェックする

全身を優しくなでるなどして、どこがどんなふうに痛いかを探ります。乳児は、反応を見ながら念入りに。また、ことばが発達していない小さな子どもは、頭や耳、のどなど別の場所が痛くても「おなかが痛い」という表現になることもあるので、全身のチェックがとても重要です。

この辺が痛い？

❷ 子どもの楽な姿勢 を探し、安静に

あおむけに寝ると、かえって痛みが強くなることもあるようです。横向きに寝て体を軽く折り曲げると、比較的楽になることも多いので試してみましょう。

❸ 下痢・便秘のときは、 トイレに誘う

原因が下痢や便秘などとわかっているときは、トイレに誘ってみましょう。ただし、無理強いする必要はありません。また、うんちが出づらいようなら、水分を与えたり、おなかを「の」の字にマッサージしたりすると出ることも。

❹ 便のようすを 細かくチェックする

腹痛があるときには、食事やミルクを控えます。吐き気がなければ、水分は与えたほうがよいですが、いっぺんに与えず、少しずつようすを見ながら。

うんちの記録を

うんちに異常があるときは保存をしておくか写真に撮っておきましょう。病院へ行った際に、診断の参考になることも多くあります。

❺ 心因性の場合は 不安を取り除く

顔色や全身の状態をチェックして深刻な結果が見られない場合は、心因性ということも。この場合は、"おなかが痛いこと"を子どもにあまり意識させないことが大切。おなかをさすり、「だいじょうぶよ」と安心させてあげましょう。ただし、そんなに痛がっていなくても「なんでもない」と決めつけないように。何か原因になっていることはないか、探ってみましょう。

だいじょうぶよ♡

家庭での注意点

● 生活リズムや環境が変わることで、便秘がちになることがあります。慢性的に便秘や腹痛を訴える場合、規則正しい生活を心がけてもらいましょう。
● 心因性の腹痛では、家庭でのようすも教えてもらい、園と保護者で解決できるよう、協力態勢を築きましょう。

下痢

おなかが冷えたり、疲れていたり。消化器系が未発達の子どもの下痢は、
珍しいことではありません。しかし、何度も続く場合や便がおかしいときは、
感染症や、ただの"腹下し"ではない可能性もあるので注意します。

Check!

☐ **うんちの状態は？**
色／軟らかさ／におい／頻度／回数

☐ **ほかに症状はないか**
発熱／おう吐／腹痛／けいれん

☐ **子どものようすは？**
きげん／顔色・表情にいつもと違うところはないか
あやせば笑うか（乳児の場合）

☐ **脱水症状はないか**
おしっこが出ない／目が落ちくぼんでいる／泣いているのに涙が出ない
ぐったりしている／皮膚や唇がかさかさしている

急いで救急車を

☐ 激しいおう吐や高熱を伴い、
意識がもうろうとしている

☐ 唇やつめが紫色になり（チアノーゼ）、
けいれんも見られる

園でようすを

☐ 1～2回の下痢のあとは、
顔色もよく元気にしている

☐ 水分をとれる

☐ 食欲がある

☐ 熱がない

☐ いつもどおりにあそべる

お迎えを

☐ きげんが悪い

☐ 水っぽいうんちが頻繁に出る

☐ 白っぽい、米のとぎ汁のような
うんちが出る

☐ うんちに血やうみが混じる

☐ うんちにいつもと違う異臭がする

☐ おう吐を伴う

☐ 発熱している

❶ 便のようすを細かくチェックする

下痢の回数や便の色、血が混じっていないかなど、状態をよく確認します。また、おむつの場合は、受診時に参考になるように、写真を撮っておくのもよいでしょう。

❷ おしりを清潔に

下痢はただれの原因にもなります。おむつをこまめに替え、おしりふきだけでなく、温かいタオルで優しくふいてあげましょう。幼児の場合はシャワーや洗面器に張ったお湯を使っておしりを洗ってもよいでしょう。そのあとはしっかり乾かします。

❸ 意識して水分をとらせ、脱水症状を防ぐ

脱水症状にならないように、十分な水分補給を心がけて。湯ざましや麦茶などを少量ずつ与えます。乳製品、かんきつ系の果汁などは下痢を悪化させるので避けます。

❹ 食べ物に注意する

消化に悪いものは避け、できるだけうどんやおじやなどを少なめに与えるようにしましょう。乳児の場合、ミルクはふだんと同じ濃度で1回の量を減らし、回数を多くします。離乳食をはじめたばかりの場合は、しばらく控えても。

乳児のうんち

乳児の便は、もともと緩いもの。色もにおいも通常と同じなら気にしなくてもかまいませんが、白っぽい、赤っぽい、黒っぽいうんちや、異臭がする場合には至急お迎えを頼みましょう。黄色やうぐいす色の場合はそれほど心配しなくてだいじょうぶです。

家庭での注意点

- ●園で保存したおむつや写真があれば渡して、病院に持っていってもらいましょう。
- ●診察を受けたら、感染症だったかどうかを報告してもらいます。
- ●うがい・手洗いなど家庭での感染予防をお願いしましょう。

おう吐

体調が悪くて吐くことも多いですが、「食後に動きすぎた」「激しく泣いた」などの理由でおう吐することもあります。吐いた場合は、そのほかに症状がないか、直前に何をしていたかなどを確認しましょう。

Check!

☐ **どんなふうに吐くか**
何度も吐くか
勢いよく吐くか、だらだら吐くか

☐ **ほかに症状はないか**
発熱／下痢／腹痛／頭痛

☐ **子どものようすは?**
きげん／顔色・表情にいつもと違うところはないか／泣いていないか

☐ **直前に原因となることがあったか**
直前まで泣いたり怒ったり、せき込んだりしていた
頭やおなかを打った／誤飲したようすがある

急いで救急車を

☐ 頭を強く打ったあとに吐いた
☐ 高熱が出て、意識がもうろうとしている
☐ 吐いたものに血液や黄緑色の胆汁が混じり、吐き続ける
☐ 元気だったのに突然吐き、10〜30分間隔で周期的に激しく泣く（乳児の場合）
腸重積症の疑い→P.68

お迎えを

☐ 食欲があまりなく、食後に吐いたり、吐きそうになったりする
☐ 吐いたものが甘酸っぱいにおいがして、きげんが悪い
☐ くり返し吐く
☐ 熱や下痢などのほかの症状がある
☐ 顔色が悪くあそべない

園でようすを

☐ 1〜2度吐いて、あとはけろりとしている
☐ 発熱や腹痛、下痢などほかの症状がない
☐ 授乳後に吐いた（乳児の場合）

園での手当て

①口をすすがせ、服を着替えさせる

おう吐物のにおいが、さらに吐き気を誘うこともあります。吐いたあとはうがいをさせ、乳児であればガーゼで口の中を軽くふきます。服が汚れた場合は着替えさせます。

②安静にさせる

吐いたものを気道に詰まらせないようにして、休ませます。頭を少し高くして、横向きに寝かせます。

③水分をとらせる

特に下痢を伴っている場合は、脱水症状になることも。最後に吐いてから1～2時間たって落ち着いているようなら、ようすを見ながら少しずつ水や経口補水液を与えましょう。

④手早く処理・消毒する

おう吐の原因で、いちばん多いのはウイルスや細菌による感染症。二次感染を防ぐために、汚物の処理と消毒は迅速に行います。また、保育者の服も汚れたら着替えましょう。（→ P.64 ～ 65）

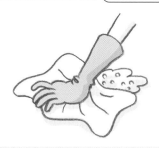

水分補給は少しずつ

脱水症状を心配するあまり、すぐに欲しがるだけ水分をとらせると、よけいに吐き気を誘っておう吐をくり返し、さらに脱水症状のおそれが大きくなります。どんなに子どもが水分を欲しがっても、あくまで少しずつ、ようすを見ながら与えるのが鉄則です。

乳児の溢乳

乳児がミルクを飲んだあと、少量のミルクをだらっと吐いたり、げっぷとともに吐くのは、胃が小さく未発達なためです。成長につれ見られなくなるので心配はありません。授乳後はげっぷをさせ、おなかを圧迫したりすぐに横にしないようにしましょう。

せき

長引くせきはかぜが原因のことがほとんどですが、
ほかの感染症が原因となっていることもあるので注意が必要です。
百日ぜきや結核など、重症化する病気もあるので早めに対処しましょう。

Check!

□ せきのようすは?
いつから・どんなときに出るか
たんがからんでいるか・乾いたせきか

□ ほかに症状はないか
発熱／くしゃみ／鼻水／発しん

□ 呼吸のようすは?
ゼーゼー、ヒューヒューと音がする
肩で息をしている
鼻翼呼吸(呼吸に伴い、小鼻がぴくぴくする)

□ 子どものようすは?
きげん／顔色・表情にいつもと違うところはないか

急いで救急車を

- □ ゼーゼー、ヒューヒューと
  はっきり音がし、呼吸困難に陥っている
- □ 顔色が悪く、ぐったりしている
- □ 陥没呼吸

  (のどの下の軟らか
  い部分やみぞおち、
  ろっ骨のあいだが呼
  吸に伴い、ぺこぺこ
  とへこむ)

お迎えを

- □ せきがひどく水分がとれない
- □ せきやたんのためにおう吐してしまう
- □ 胸やおなかを痛がる
- □ 発熱やおう吐、下痢など
  ほかの症状も伴っている
- □ ちょっと走ると
  すぐにせき込んであそべない
- □ せきで午睡ができない
- □ ケンケンといぬがほえるような
  せきをする

❶ 上体を起こして楽な姿勢を取らせる

たんがからんでいるときには、上体を起こして背中をさすります。外側から内側、下から上へと軽くたたき、たんを切りやすくしてあげましょう。乳児は縦抱きにして、背中を下から上に軽くたたいたり、さすったりします。

❷ 水分をとらせる

湯ざましや温かいお茶などを少しずつ飲ませ、のどを潤しましょう。近くに加湿器やぬらしたタオルを置いて、加湿するのも効果的です。

❸ 鼻をよくかませてあげる

鼻水がのどにまわってせきの原因となることもあります。鼻水を伴っているときは、こまめに鼻をかませてあげましょう。

園でできる予防

ほこりっぽい、空気がよどんだ室内にいると、せきが出やすくなります。冬でも1時間に1回は窓を開けて、きれいな空気を入れましょう。また、寝具についたハウスダストなども、せきの原因に。清潔第一を心がけましょう。

家庭での注意点

- 低月齢の乳児は上気道や気管支の炎症がどんどん進行し、肺炎になってしまうこともあります。せきが長引いているときには、保護者に受診するように促しましょう。

発しん・皮膚トラブル

あせもなどの皮膚トラブルから、風しん、水ぼうそうをはじめとする
感染症によるものまで、発しんの原因はさまざまです。発しんには
それぞれの特徴があるので、症状に合った対応をしましょう。

Check!

□ ## 熱はあるか
熱と発しんは同時に出たか
熱が前から出ていたか

□ ## ほかに症状はないか
せき／首のリンパ節のはれ
目の充血／鼻水／おう吐／下痢

□ ## 発しんの状態は？
水疱／赤いぶつぶつ／はん点状
発しんが出ている部位はどこか
（口の中もチェック）
かゆみ・痛みはあるか
時間とともに増えているか

□ ## 発しんが出る前の状況は？
アレルゲンを口にしたり、触ったりしていなかったか

急いで救急車を

□ 激しいせきや呼吸困難などを伴い、
顔が赤くはれ上がる
（アナフィラキシーショックの疑いがある）

□ けいれんしている

□ おう吐を伴い、
意識がもうろうとしている

お迎えを

□ 発熱を伴っている

□ おう吐や下痢などの
症状も見られる

① 別室に移す

熱がある場合もない場合も、発しんを伴う病気は感染症の可能性があります。ほかの子への感染を防ぐために、まずは別室に移しましょう。

② 体温を測り、細かく観察する

体温計で熱を測り、どんな発しんが出ているか、かゆみや痛みはないかなど、状態や広がり方をチェックします。消える可能性もあるので写真を撮っておくとよいでしょう。

家庭での注意点

- ●かき壊さないようつめを短く切ってもらい、とびひにも注意をしてもらいます。
- ●感染症と診断されたら、園に報告してもらいます。
- ●温まるとかゆみが増します。シャワー・おふろはぬるめの温度にしてもらいましょう。

感染症が疑われる場合

保護者に連絡する

熱がある場合や、発しん以外の症状がある場合は安静にさせ、お迎えを依頼します。

皮膚トラブルの場合

かかないようにする

かき壊したり触ったりすることで細菌が入らないように、かゆみを抑えます。冷たいぬれタオルなどでかゆいところを冷やすと、少し楽になるので試してみましょう。
乳児の場合、手袋などをさせてもよいでしょう。かゆみ止めを安易に使用すると、症状が悪化する可能性があるので避けます。

患部を清潔に保つ

あせもやおむつかぶれは、日ごろのケアで症状を軽くしてあげましょう。汚れたおむつは早めに取り替え、おしりふきでふくだけではなく、ぬるま湯を使って優しく洗います。汗をかいたらまめにふき、清潔を心がけるなど、細やかな配慮が改善につながります。

頭痛

かぜの症状のひとつであることが多いのですが、
まれに大きな病気が隠れていることもあるので注意しましょう。
副鼻腔炎や急性中耳炎、目や歯の問題が原因のこともあります。

Check!

- ☐ 痛みはいつから？

- ☐ ほかに症状はないか
  発熱／おう吐／鼻水／けいれん

- ☐ 化学薬品のにおいを
  かいだりしていないか

- ☐ 頭をぶつけていないか

- ☐ 首や頭を触る、首を曲げるなどの
  動作をいやがるか（乳児の場合）

急いで救急車を

- ☐ 頭を打ったあとに、
  激しい頭痛を訴えている
- ☐ おう吐をくり返し、
  意識がもうろうとしている
- ☐ 高熱があり、激しくおう吐している
- ☐ けいれんが5分以上続く
- ☐ 化学薬品などのにおいをかいだ結果、
  意識がもうろうとしている

お迎えを

- ☐ 熱がある
- ☐ おう吐している
- ☐ 顔色が悪く、ふらつく

❶頭痛を和らげる

冷却シートなどでこめかみを冷やす、湯たんぽで後頭部を温めるなどすると、少し楽になります。どちらが痛みが和らぐかを子どもに尋ねながら行いましょう。

❷安静にさせる

外あそびは控え、室内で絵本を読むなどゆっくりと過ごさせます。

❸きれいな空気を入れる

部屋の空気がよどんでいると頭痛を訴える場合があります。閉め切っていたときは、1～2時間に1度は窓を開けて、空気の入れ替えをしましょう。

家庭での注意点

● 頭痛には、園生活や家庭生活で何か不安を抱えているなどによる心因性のものもあります。その場合は園と家庭でいっしょに原因を探りましょう。

● 睡眠不足から頭痛が起こる場合もあるので、規則正しい生活を送るようにしてもらいましょう。

● テレビやゲーム画面などの見すぎによる眼精疲労の可能性もあるので、注意してもらいましょう。

● 歯や耳の病気、鼻詰まりや視力が原因になることも。気になることがあれば、専門医を受診してもらいます。

けいれん

けいれんが5分以上続いた場合、早急な受診が必要です。
保育者は動揺せず、まずは周囲に協力を頼みましょう。時間を計り、
ようすを的確に観察するなど冷静な判断が子どもの命を左右します。

●けいれんの症状

- ☐ 急に手足がピーンとこわばる
- ☐ ぶるぶる震える
- ☐ 白目をむく・眼球が上を向く
- ☐ 口から泡を吹く
- ☐ 意識がない
- ☐ 呼吸が荒く、不規則になる
- ☐ 唇が紫色になる（チアノーゼ）

急いで救急車を

- ☐ けいれんが5分以上続く
- ☐ けいれんが治まっても、意識や反応がない
- ☐ 頭を強く打ったあと、けいれんが起きた
- ☐ 何度もくり返しけいれんする
- ☐ 唇が紫色になっている（チアノーゼ）

お迎えを

けいれんを起こした場合は、必ず保護者に引き渡します。

〈疑われる主な病気〉

熱がある	熱がない
熱性けいれん 38℃以上の急な発熱があった場合に起こる。多くは5分以内に治まり、意識が回復する。その後、眠ってしまうこともある。	**憤怒けいれん** 乳幼児に比較的頻度が高い。激しく泣くことにより、神経が興奮し呼吸がうまくできなくなるため起こる。多くは1分程度で治まる。
髄膜炎 脳を覆う髄膜に炎症が起こり、発症。けいれんのほか、意識障害、頭痛などを伴う。	**良性乳児けいれん** 体調不良や下痢のときに多く起こる。多くの場合3分以内に治まるが、くり返すこともある。
脳炎 ウイルスなどが大脳や小脳などに感染し、炎症が起こる。意識障害を伴う場合もある。	**てんかん** 脳の神経細胞の過剰な興奮が原因。全身の硬直やひきつけなどをくり返す。
インフルエンザ脳症 インフルエンザの重症化により起こることがある。意識障害、異常行動などを伴う。	**外傷性てんかん** 頭を打ったときなどに、脳が傷つくことでてんかん発作を引き起こす。
熱中症 →P.32～33 重症化により、けいれんを起こす場合がある。	

けいれんしている

① 時間を計りはじめ 周囲に協力を求める

直ちにけいれんの起きている時間、間隔を正確に計りはじめ、「けいれんです！」と大きな声で告げ、ほかの保育者を呼び、協力を求めます。子どもを安静にできる場所へ移動させましょう。

② 衣服を緩め、あおむけに

苦しくないように衣服を緩め、まくらはせずにあおむけに寝かせます。口の中に食べ物やおう吐物がある場合は、顔を横に向けて指で優しくかき出しましょう。

 ・タオルやスプーンなどの異物を口に入れてはいけません。
（けいれんにより舌をかむことはまずありません。むしろ窒息の原因となり、たいへん危険です。）
・けいれん中に大声で名前を呼ぶ、体を揺する、たたくなどの刺激を与えてはいけません。

③ 観察する

けいれんの続く時間を計りながら、以下のポイントを注意深く観察します。

観察ポイント

☐ どのくらいの時間続いているか
☐ 熱はあるか
☐ 手足の動き（動き方が左右対称か。また、動いているのが手だけか、足だけか、あるいは全身かなど）
☐ 意識や反応はあるか

❗ 5分以上けいれんが続いたら救急車を呼ぶ。

けいれんが治まったら

④ 意識を確認

けいれん後は、意識の有無を確かめるためにも、名前を呼びかける、手足をつねるなどして反応を見ましょう。手足にまひがないかも確認。けいれんが再発しないかを注意深く見守ります。意識がはっきりと戻り、子どもが欲しがるようなら水分を少しずつ与えましょう。

❗ けいれんのあとは眠ってしまうことが多いため、名前を呼んで反応を確認しましょう。ただし、無理に起こさないようにします。そのあとは静かに休ませましょう。

家庭との連携が大切

けいれんに適切に対応するためには、家庭との情報共有と連携が欠かせません。けいれんが起きた場合の状況を報告し、また、家庭でのけいれん発作の有無や頻度などについても保護者との綿密な情報共有を心がけましょう。けいれん止めの薬を使用するかどうかについても、事前に保護者と相談をしておきましょう。けいれんに備え、情報提供シートを作成しておき、記入して保護者に渡せるようにするとスムーズです。

情報提供シート

●名前
●けいれんを起こした日時
　月　日　時　分ごろ
●けいれんが続いた時間：　　　分間
●熱：　　　℃
●唇のチアノーゼ：あり・なし
●意識：あり・なし
●動いた部位
　右手・左手・右足・左足・全身
●動き方：左右対称・左右非対称
●けいれん止めの服用：あり・なし

感染拡大を防ぐ
汚物処理

おう吐物やうんちには、ウイルスや細菌が含まれ、
接触感染の原因になります。
処理をする人が感染しないように
身じたくをする、使用したものや汚物は
感染が広がらないように処分する、
消毒液で適切に消毒する、が原則です。

身じたく

マスク

ビニール手袋

エプロン

※処理後、すべて処分できるものを。

処理後の注意

エプロンやマスク、手袋は外側
に触らないように脱ぎます。すべ
てビニール袋に入れ、0.1%消毒
液を加えて密封し、廃棄を。手洗
い、うがいをし、服が汚れたら
着替えましょう。ウイルスは乾燥
すると空気中を浮遊することがあ
るので、処理後も換気を続けます。

消毒液の作り方

次亜塩素酸ナトリウムを成分とする濃度5〜7%
の衣料用漂白剤や台所用漂白剤を水で薄めます。

【0.02%消毒液】

バケツに水3ℓ、漂白剤10㎖を入れ、混ぜる

漂白剤
10㎖

水3ℓ

【0.1%消毒液】

500㎖のペットボトルに「消毒液」と明記したラベルを
貼り、水300㎖と5㎖（キャップ1杯分）の漂白剤を入れ、
混ぜる

漂白剤
5㎖

水300㎖

消毒液

※消毒液の使用中は換気を十分にします。漂白剤は熱湯で薄め
てはいけません。また、消毒液はそのつど作り、子どもの手の
届くところには置かないようにします。衣類や床などは変質・
変色することがあるので、注意しましょう。

衣類の処理（おう吐物・うんち）

準備する物
- 使い捨ての布やペーパータオル
- ビニール袋　●0.02％、0.1％消毒液
- 洗濯用洗剤　●専用のバケツ

❶ 汚物を使い捨ての布やペーパータオルでぬぐってから、衣類を水洗いする。汚水はトイレに流す。汚物をぬぐった布などは、ビニール袋に入れ、0.1％の消毒液を加え処分。

❷ バケツに作った0.02％消毒液に30分浸す。または、85℃以上のお湯に1分以上浸し熱湯消毒してもよい。

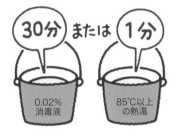

❸ ほかの洗濯物と分けて、最後に洗濯機で洗う。

❹ 日光に当て、しっかり乾燥させる。高温の乾燥機も有効。

床の処理（おう吐物）

準備する物
- 使い捨ての布やペーパータオル
- ビニール袋　●0.1％消毒液
- 専用のバケツ　●ぞうきん

❶ 使い捨ての布やペーパータオルで外側から内側に向けて、ふき取り面を内側に折り込みながらおう吐物をふく。広がらないように注意。

❷ ふき取った布などをビニール袋に入れ、0.1％消毒液を加え処分。

❸ 0.1％消毒液を布やペーパータオルにしみこませて、おう吐物が付着していた床と周囲を覆う。10分たったらぞうきんで水ふきをする。

小さな変化に気づく
乳児の病気

ことばで不調を訴えられない乳児は、毎日全身を優しく触り、痛そうなところがないかチェックを。また、ミルクを飲むようすや量も大きなヒント。いつもと違う？ という小さなサインを見逃さないことが重要です。

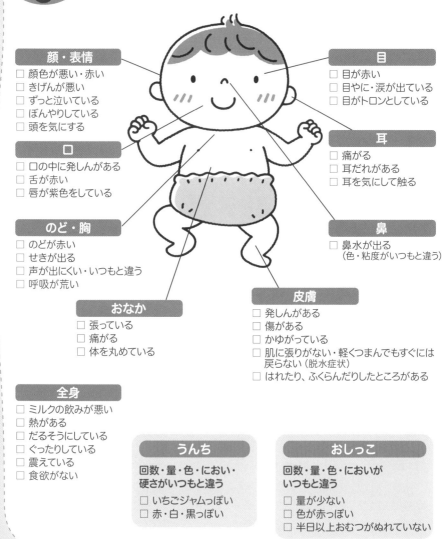

顔・表情
- □ 顔色が悪い・赤い
- □ きげんが悪い
- □ ずっと泣いている
- □ ぼんやりしている
- □ 頭を気にする

口
- □ 口の中に発しんがある
- □ 舌が赤い
- □ 唇が紫色をしている

のど・胸
- □ のどが赤い
- □ せきが出る
- □ 声が出にくい・いつもと違う
- □ 呼吸が荒い

おなか
- □ 張っている
- □ 痛がる
- □ 体を丸めている

全身
- □ ミルクの飲みが悪い
- □ 熱がある
- □ だるそうにしている
- □ ぐったりしている
- □ 震えている
- □ 食欲がない

目
- □ 目が赤い
- □ 目やに・涙が出ている
- □ 目がトロンとしている

耳
- □ 痛がる
- □ 耳だれがある
- □ 耳を気にして触る

鼻
- □ 鼻水が出る
  （色・粘度がいつもと違う）

皮膚
- □ 発しんがある
- □ 傷がある
- □ かゆがっている
- □ 肌に張りがない・軽くつまんでもすぐには
  戻らない（脱水症状）
- □ はれたり、ふくらんだりしたところがある

うんち
回数・量・色・におい・
硬さがいつもと違う
- □ いちごジャムっぽい
- □ 赤・白・黒っぽい

おしっこ
回数・量・色・においが
いつもと違う
- □ 量が少ない
- □ 色が赤っぽい
- □ 半日以上おむつがぬれていない

乳児期に注意したい病気・症状

乳児の命にかかわる、特に重症化しがちな病気と症状を知っておきましょう。

乳幼児突然死症候群（SIDS）

今まで元気だった子どもが、なんの予兆もなく、眠っているあいだに突然死亡してしまう病気です。月齢2か月から6か月くらいの乳児における死亡がほとんどですが、4歳くらいまでの子どもに発症することもあります。はっきりした原因はまだわかっていませんが、うつぶせ寝、子どもの近くでの喫煙・妊娠中の喫煙、体の温めすぎが危険因子だともいわれています。また、人工乳よりも母乳のほうがリスクが低いといわれています。

対応

園での午睡のときは、あおむけで寝かせ、部屋を暖めすぎたり、厚着をさせすぎたりしていないかチェックしましょう。また、5～10分おきに子どもの呼吸に異変がないかを確認するようにしましょう。

乳幼児揺さぶられ症候群（SBS）

乳幼児が、激しく揺さぶられたときに起こる重度の脳障害。乳幼児は頭が重く、首の筋肉が弱いので、揺さぶられたときに頭を自分の力で支えることができず、頭がい骨の内側に脳が何度も打ちつけられて損傷します。その結果、視力の低下、昏睡、おう吐、けいれん、意識障害、呼吸の異常などの症状が出ます。脳の損傷のため命を落としたり、脳出血や脳性まひなどの後遺症を引き起こしたりすることもあります。

対応

通常のあやす程度で発症することはありませんが、おかしいな、と思ったら、一刻も早く病院へ行きましょう。子どもが泣きやまないときなどに、カッとなって、揺する事例が多く報告されています。強く揺すったりしないよう、また、男性は力が強いので、保護者にもSBSに気をつけてもらうように話しましょう。

細菌性髄膜炎

Hibや肺炎球菌といった細菌に感染して脳を覆う髄膜に炎症が起きるもので、発熱、頭痛、おう吐が特徴です。乳児はことばで訴えることができず、症状を見つけにくいので注意が必要です。高熱が続く、きげんがとても悪い、ミルクを飲まない、うとうとするなど、おかしいな、と思ったら病院へ。細菌性髄膜炎は進行がたいへん早く、早急に治療を開始しないと命にかかわります。

髄膜炎菌性髄膜炎→P.81

対応

早期発見が重要です。いつもと違うようすが見られたら、急いで保護者に連絡を。細菌性髄膜炎は、重症化しやすい病気ですが、Hib・小児用肺炎球菌ワクチンの予防接種が有効です。予防接種で防げる病気であることを、日ごろから保護者に伝えるようにしましょう。

腸重積症

小腸の一部が大腸の中に入り込んで、腸閉塞を起こす病気です。0〜2歳くらいの男の子に多く、突然きげんが悪くなる、激しく泣く、吐くなどの症状が起こり、5分ほどでいったん治まったかと思うと10〜30分後にまたくり返すのが特徴。しだいに間隔は短くなります。症状が進むといちごジャムのようなまっかな血便が出ます。

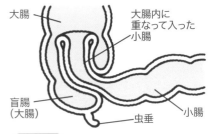

対応

早期発見が重要で、遅れると腸が壊死し、生命の危険が。周期的に激しく泣く、血便が出るなど、疑わしいときは、救急車で一刻も早く病院へ。

知っておきたい
感染症と病気

おおぜいの子どもが集まる園では、感染症の予防と拡大防止の手だてを
考えることが重要です。正しい病気の知識と適切な対処法を身につけ、
子どもたちの健康を守りましょう。

感染症

子どもが集団で過ごす園では、感染症は深刻な事態を引き起こす可能性も。感染が疑われる子どもがいたら、迅速に別室に移し、お迎えを頼みます。感染がわかったら、園内の掲示板などで保護者全員に注意を促しましょう。

学校感染症 第一種

通常の生活を送るうえでは、現在、ほとんどかかることのない病気です。しかし、万が一感染した場合は重篤な状態になるため、それぞれの特徴を頭に入れておきましょう。

完全に治癒するまで登園停止

エボラ出血熱（エボラウイルス病）

＊潜伏期間 2〜21日

突然の発熱、全身のけん怠感、頭痛、筋肉痛、関節痛などにはじまり、腹痛、おう吐、下痢、結膜炎などが起こる。出血傾向と発しんが出て、ショック症状を起こし死に至るケースが多い。

天然痘（痘そう）

＊潜伏期間 7〜16日

天然痘ウイルスは人から人に感染する。高熱などの初期症状の後、全身に特徴的な発しんが現れ、かさぶたになる。1980年にWHOにより根絶宣言が出された。

クリミア・コンゴ出血熱

＊潜伏期間 2〜9日

エボラ出血熱と似た症状が出る。突然の発熱、頭痛、筋肉痛、リンパ節膨張、発しん、出血（血便、血尿、鼻血など）が起こる。

南米出血熱
アルゼンチン出血熱・ブラジル出血熱
ベネズエラ出血熱・ボリビア出血熱・チャパレ出血熱

＊潜伏期間 7〜14日

アレナウイルスを保有するねずみのだ液・血液・排せつ物など、または感染者との接触で感染する。歯肉縁からの出血などが特徴。中南米の特定地域で報告される。

中東呼吸器症候群
（病原体がベータコロナウイルス属MERSコロナウイルスであるものに限る）

＊潜伏期間 2〜14日

発熱や咳、息切れなどからはじまり、下痢などの消化器症状や肺炎が起こる場合もある。

ペスト

＊潜伏期間 1〜7日

高熱、頭痛、けん怠感、筋肉痛、不快感、食欲不振、おう吐、疲労衰弱、意識混濁などが起こる。

マールブルグ病

＊潜伏期間　3〜10日

エボラ出血熱と似た症状が出る。発熱、頭痛、筋肉痛、背部痛、発しん、咽頭痛が起こる。激しいおう吐をくり返し、水様性下痢、出血が見られる。

ラッサ熱

＊潜伏期間　7〜18日

悪寒とともに、発熱、おう吐、筋肉痛が起こり、数日すると高熱が出る。のどの痛み、せき、胸痛、腹痛、下痢などが起こり、重症になると重篤な合併症を起こす。

急性灰白髄炎（ポリオ）

＊潜伏期間　6〜20日

かぜのような症状や胃腸症状を起こす。髄膜炎症状を伴う場合もある。まひ型ポリオでは、かぜ症状が起こり、解熱後、急性の筋肉まひが起こる。四種混合（DPT-IPV）ワクチン（→ P.119）の接種が有効。

ジフテリア

＊潜伏期間　2〜5日

血が混じった鼻水、高熱、のどの痛み、いぬがほえるようなせきが出て、首が大きくはれる。のどに白い膜ができ、窒息することも。心筋障害や神経まひを起こすこともある。四種混合（DPT-IPV）ワクチン（→ P.119）で予防できる。

重症急性呼吸器症候群
（病原体がベータコロナウイルス属ＳＡＲＳコロナウイルスであるものに限る）

＊潜伏期間　2〜10日

発熱、悪寒、筋肉のこわばり、頭痛、不快感、筋肉痛を発症する。発熱時、軽い呼吸器症状（乾いたせき、たんが少ない、呼吸困難）と下痢が起こることもある。

特定とりインフルエンザ
（感染症法第6条第3項第6号に規定する特定鳥インフルエンザをいう）

＊潜伏期間　2〜8日

感染したとりやその排せつ物、死体、臓器などとの接触で感染する。高熱など、インフルエンザと同じ症状が現れる。初期に下痢、おう吐、腹痛、鼻や歯茎からの出血がある。重症化が早いので注意する。

上記のほか、新型コロナウイルス感染症、新型インフルエンザなど感染症、指定感染症および新感染症も第一種の感染症とみなされます。

学校保健安全法施行規則第十八条より
※情報は、2022年12月現在のものです。
※学校保健安全法は幼稚園に適用されます。保育園に関しては厚生労働省の『保育所における感染症対策ガイドライン』により、学校保健安全法に準拠するとされています。

園での集団生活で感染・発症の機会が多い病気が第二種感染症に指定されています。感染した場合、保護者に必ず報告してもらい、園の掲示板などを使い、告知するようにしましょう。園や地域によっては、登園許可証や治癒証明書の提出が必要な場合もあります。

医師の許可が出るまで登園停止

インフルエンザ
（特定とりインフルエンザを除く）

潜伏期間が短く感染力も強く、一年を通じて発症の可能性があります。感染が疑われる子どもがいた場合は、拡大を防ぐよう、対策を講じましょう。

＊原因

インフルエンザウイルス（A、B、C 型）
飛まつ感染、接触感染

＊任意予防接種

インフルエンザワクチン

＊潜伏期間
1～3日

＊登園停止期間
発症後5日間、
かつ解熱後
3日間。

＊主な症状

● 急に 38 ～ 40℃の高熱が出る
● ひどい悪寒がする
● 頭痛、せき、鼻水などのかぜ症状
● 重度のけん怠感、筋肉痛・関節痛
● 2～3日で熱が下がるが、
　全身症状は1週間ほど続く

合併症 ---------------------------
中耳炎、気管支炎、肺炎、
インフルエンザ脳症、熱性けいれんなど

＊対応

くしゃみやせき、たんなどの飛まつで感染するので、感染が疑われる子どもがいたら、すぐに別室に移します。ウイルスは乾燥を好むので、加湿器などで部屋の湿度を高めましょう。万が一、意識障害があったりけいれんを起こしたりした場合は、救急車を。

＊家庭での注意点

すでに園内で感染者が出ている場合は、そのことを受診時に伝えてもらいます。インフルエンザだった場合は教えてもらうようお願いします。発熱による脱水症状を防ぐために、水分の補給を意識して行ってもらいます。

インフルエンザ Q&A

インフルエンザを巡る状況は、絶えず変化しています。
保育者は正しい知識を持ち、しっかり予防対策を。
最新の情報を知っておくことも重要です。

Q ウイルスにいろいろな種類があるのはどうしてですか?

A インフルエンザウイルスがつねに抗原性の変化をくり返すからです。ウイルスには主にA型・B型・C型があり、それぞれが変異するうえ、その年ごとに流行する型が変わります。また、感染をくり返し、突然変異することで、動物から人に感染するウイルスになることも。このような新型インフルエンザは、ほとんどの人が免疫を持たないので、特に大流行する危険が大きいのです。

Q 新型インフルエンザって何ですか?

A 新型インフルエンザとは、季節性インフルエンザと抗原性が大きく異なり、ほとんどの人が免疫を持っていないために急速的に流行・拡大し、健康に大きな被害を与える恐れがあるインフルエンザのこと。2009年に発生した新型インフルエンザ(H1N1)は終息宣言が出ましたが、また流行する可能性もゼロではないので、今後も注意が必要です。

Q 予防接種は何歳から受けられますか? 接種の時期は?

A 重篤なたまごアレルギーのない子どもであれば、生後6か月から接種可能です。13歳未満は、2〜4週間あけて2回接種がすすめられています。また、予防接種をしてから抗体ができるまで数週間かかります。流行がはじまるのが11月下旬から12月上旬にかけて、ピークが翌年の1〜3月なので、10月の前半に1回目を接種すると効果的です。保護者の方には計画的に受けてもらうようお願いします。接種の費用は医療機関や地域で異なりますが、一般的に1回3,000〜5,000円程度です。

Q インフルエンザワクチンの接種は、どのくらいの効果がありますか?

A 1歳以上6歳未満の子どもに対するインフルエンザワクチンの効果は20〜60%ともいわれています。接種により完全に予防できるわけではありませんが、インフルエンザ脳症などの重い合併症を回避するためにも、予防接種でインフルエンザにかかるリスクを少しでも下げることは、意義のあることです。

Q 乳幼児が特に気をつけることは?

A 乳幼児はおとなに比べてウイルスを長期間排出するため、感染源になりやすいといわれています。また、乳幼児はインフルエンザ特有の全身症状(頭痛、けん怠感、筋肉痛)が少なく、かぜと見分けがつきにくいことも。おかしいなと感じたら、すぐに受診することが大切です。

最新情報は以下のサイトで確認できます

国立感染症研究所　感染症疫学センター
　　https://www.niid.go.jp/niid/ja/from-idsc.html
文部科学省　https://www.mext.go.jp/
厚生労働省　https://www.mhlw.go.jp/

※情報は2022年12月現在の内容です。

百日ぜき

初めは、かぜの症状と似ていますが、1〜2週間過ぎても改善されず、せきが激しくなってきます。せきが長引いている子どもがいたら注意を。

＊原因

百日ぜき菌
主に飛まつ感染、接触感染

＊定期予防接種

四種混合（DPT-IPV）ワクチン

＊潜伏期間
7〜10日

＊登園停止期間

特有のせきをしなくなるまで。または5日間の適正な抗菌性物質製剤による治療が終わるまで。

＊主な症状

●熱はあっても微熱程度で、くしゃみ、鼻水、せきなど、かぜのような症状が見られる（この時期の感染力がもっとも強い）

●1〜2週間が過ぎるとせきが激しくなり、せき込んだあとに「ヒュー」と笛を吹くような音を立てて息を吸い込み、顔が赤くなる。夜間に悪化することが多い

●3〜4週間でせきが少しずつ軽くなる

＊低年齢の子どもは重症化しやすく、特有のせきが出ず、無呼吸発作になることがあるので注意しましょう。チアノーゼ、けいれん、呼吸停止になったらすぐに病院へ。
＊おとなの百日ぜきが感染源になることもあります。
＊ワクチン未接種児に関しては特に注意が必要です。

＊対応

たんがからむときは上体を起こし、楽な姿勢で休ませます。水分をまめにとらせ、湿度にも気を配ります。また、子どもにはマスクをさせるなど、せきエチケットを実行させましょう。

＊家庭での注意点

せきが長く続いたら必ず受診を。部屋の加湿、換気を心がけ、水分補給をしっかりとしてもらいましょう。冷たいものや辛いものを避け、消化のよい食べ物を与えるようにしてもらいます。

はしか
（麻しん）

非常に感染力が強く、幼い子どもが発症すると重症化するので、注意を。もっとも感染力が強いのは、発しんが現れる前のせきが出はじめたころです。

＊原因

麻しんウイルス
主に空気感染、飛まつ感染、接触感染

＊定期予防接種

MR（麻しん・風しん混合）ワクチン

＊潜伏期間
10〜12日

＊登園停止期間
解熱後3日間。

＊主な症状

- 鼻水、せき、目やに、発熱など、かぜのような症状が出る
- 一度熱が下がり、再び高熱が出ると同時に、全身に小さいはん点のような発しんが現れ、ほおの内側にも白いはん点ができる
- 4〜5日、高熱が続き、せき、鼻水、目の充血などがひどくなる
- 一度かかったら、終生免疫ができるといわれている

合併症
肺炎、中耳炎、脳炎など

＊対応

初春から初夏にかけて流行するといわれます。高熱による脱水症状に注意します。ひとりでも感染者が出たら保護者全員に通知し、同時に予防接種の有無を確認し、未接種の子どもには、接種を強くすすめましょう。9か月以上の乳児が未接種の状態で感染した場合、6日以内なら発症をほぼ抑えられるとされるガンマグロブリン製剤という注射もあります。ただし、免疫製剤なので、医師から十分説明を受けてからにします。

＊家庭での注意点

1歳になったら必ずMRワクチン接種をするよう促しましょう。1歳時に1回目、さらに就学前に2回目の接種も忘れずに。発症した場合、ほかの重篤な合併症を起こす可能性もあることを知ってもらいましょう。

おたふくかぜ
（流行性耳下腺炎）

年間を通じて流行が見られます。幼い子どもは、いわゆる "おたふく" にならないことも。耳の下を痛がる場合は感染の可能性を考えて。

✳原因
ムンプスウイルス
主に接触感染、飛まつ感染

✳任意予防接種
おたふくかぜワクチン

✳潜伏期間
16〜18日

✳登園停止期間
耳下腺、顎下腺または舌下腺のはれが現れたあと5日を経過し、かつ全身状態がよくなるまで。

✳主な症状
● 両耳の下（耳下腺）がはれ、痛がる（片方だけのこともある）
● あごの下（顎下腺）がはれ、おたふく顔になる（片方だけのこともある）
● 子どもによっては、"ものを食べると痛む" "耳が痛む" と訴える場合も
● 1週間前後ではれが引く
● 熱が出ることもあるが、3〜4日で落ち着く

合併症 -------------------------------
発病から4〜10日後に激しい頭痛・おう吐がある場合は無菌性髄膜炎の疑いがある。まれに脳炎、難聴を発症することもあり、後天性難聴のもっとも多い原因となっている。

✳対応
安静にさせ、はれている箇所を冷やしましょう。おとながかかると重症化しやすいので、感染者が出たら注意を促します。

✳家庭での注意点
はれている部分を冷やし、水分補給を心がけます。だ液が多く出て、耳下腺を刺激しやすいので、すっぱいものは避け、消化のよい流動食を与えてもらいましょう。

風しん
（三日ばしか）

熱と小さな赤い発しんが出ます。三日ばしかとも呼ばれます。1〜9歳の子どもがかかりやすく、春先から初夏に流行が見られます。

✳︎原因

風しんウイルス
主に飛まつ感染

✳︎定期予防接種

MR（麻しん・風しん混合）ワクチン

✳︎潜伏期間
14〜21日

✳︎登園停止期間
発しんが
消えるまで。

✳︎主な症状

● 37〜38℃の発熱と同時に、全身に軽いかゆみを伴う赤い色の発しんが現れる
● 首、耳の下、わきの下のリンパ腺がはれる
● のどの痛み、目の充血などを伴うこともある
● 発しん、発熱は1〜4日ほどで治まる

合併症
まれに、風しん脳炎、血小板減少性紫はん病、関節炎などを伴うこともあるため、けいれん、意識がぼんやりするなどの症状が見られたら、すぐに病院へ。

✳︎対応

特に、妊娠初期の女性がかかると胎児に悪影響を及ぼすため、保育者や保護者に妊婦や妊娠の可能性のある人がいる場合は、注意を促し、告知を徹底しましょう。

✳︎家庭での注意点

発しんをかき壊さないように、つめを短く切ってあげましょう。合併症に注意をしてもらいましょう。

水ぼうそう
（水痘）

かゆみのある水疱が全身に出ます。感染力が強く、あっというまに広がるので要注意。日ごろから、子どもの皮膚の状態に気を配りましょう。

＊原因
水痘・帯状疱しんウイルス
飛まつ感染、空気感染、接触感染

＊定期予防接種
水痘ワクチン

＊潜伏期間
10〜21日

＊登園停止期間
すべての発しんがかさぶたになるまで。

＊主な症状
写真→P.115

- 全身に米粒大ほどの赤く盛り上がった発しんが現れ、数が増えていく
- 発しんがやがてかゆみを持った水疱に変わり、3〜4日後に黒いかさぶたになって治癒する
- 微熱程度の発熱がある場合と、ない場合がある
- アトピー性皮膚炎患者は特に重症化しやすい

合併症 --------------------------------------
かき壊すと皮膚の細菌感染症、とびひになる場合がある。

かゆい

発しんの変化

赤い丘しん　白い水疱　かさぶた

＊対応

感染が疑われる子どもがいたら別室に移し、保護者にお迎えをお願いします。感染者が出ているあいだは、園児の皮膚の状態に、いつも以上に気をつけるようにしましょう。

＊家庭での注意点

発しんをかき壊さないように、つめを短く切ってもらいましょう。また、口の中に水疱ができるとしみるので、刺激が少なく消化のよい食事をすすめます。また、接触から72時間以内に水痘ワクチンを緊急接種すれば、発症の防止、症状の軽症化が期待できます。

プール熱
(咽頭結膜熱)

アデノウイルスによるかぜの一種。プールでの感染が多かったためこの名がつきました。高熱とのどの痛み、目の充血などが特徴です。

✳原因

アデノウイルス
飛まつ感染、接触感染

✳潜伏期間
5〜7日

✳登園停止期間
症状が消えてから
2日経過するまで。

✳主な症状

● 39℃前後の高熱
● のどの痛み、せき
● 目の充血や目やになど、結膜炎の症状
● 腹痛や下痢、吐き気、頭痛を伴うことも

✳対応

プールの水を介しての感染が多いので、プール後のうがいや目を洗うことを徹底しましょう。夏以外に流行することもあるので、日ごろの手洗い、うがいも大切です。また、タオルなどの共用はやめましょう。

✳家庭での注意点

のどが痛むので、食事は刺激の少ない消化のよいものを心がけます。高熱による脱水症状を防ぐため、水分は意識して与えるようにしてもらいましょう。高い熱がなければ、入浴は可能です。

結核

近年、発症者が再び増加しています。長くせきをしているなど、気になる症状の子どもがいたら受診をすすめ、注意深く経過を見ましょう。

✳原因

結核菌
空気感染、飛まつ感染

✳定期予防接種

BCG ワクチン

✳潜伏期間

発症時期はさまざま

✳登園停止期間

医師が伝染のおそれがないと判断するまで。

✳主な症状

- 長期にわたり、せきや微熱が続く
- 顔色の悪さが目だつ
- 食欲がない
- 体重が減少する

✳対応

ひとりでも感染者が出たら、保健所・嘱託医に相談をし、必要ならば保護者も検査を受けます。園内の掲示板などで感染者が出たことを掲示し、保護者全員に知らせます。また、せきが長引いている子どもには受診をすすめ、BCGワクチン接種の有無を再度確認するなどしましょう。

✳家庭での注意点

せきや微熱が2週間以上続くなど、気になる症状があれば、必ず受診をしてもらいましょう。

髄膜炎菌性
髄膜炎

髄膜炎菌が血中に入り、髄膜に達することで起こる急性化膿性髄膜炎。かぜと似ていますが、進行が早く、後遺症の可能性もある危険な病気です。

✳原因

髄膜炎菌
主に飛まつ感染

✳潜伏期間
2〜10日

✳登園停止期間

医師が
感染のおそれがない
と診断するまで。

✳主な症状

● 高熱が続く
● 頭痛
● 吐き気
● きげんが悪い・顔色が悪い（乳児の場合）
● 症状が進むとけいれんや意識障害を
　起こすこともある
● 首の後ろを痛がる（項部硬直）
● 小さな赤い発しん（点状出血）が
　出ることもある

合併症 --------------------------------

まれに脳梗塞、後遺症として、てんかん、発達の遅れ、難聴、まひなどになることもある。

✳対応

髄膜炎菌性髄膜炎は単なる体調不良と見分けにくく、病院での検査をしないとわかりません。危険性を認識し、日ごろから、子どもの健康観察に努め、ふだんと違う様子があれば、すぐに保護者に連絡を。Hib・小児用肺炎球菌ワクチン・髄膜炎菌ワクチンの予防接種が有効です。

✳家庭での注意点

早期治療が重要です。特に乳児は症状を自分で説明できないので、おかしいな、と思ったらすぐに受診してもらいます。また、くしゃみなどで家庭内で感染しやすいともいわれているので、注意してもらいましょう。

第一・二種以外で、学校や園で流行するおそれのある感染症が広く含まれます。ここでは、園生活で特に気をつけたい感染症を中心に紹介します。

医師が感染のおそれがないと認めるまで登園停止

O157
(腸管出血性大腸菌感染症)

O157の菌に汚染されたものを食べたりすることで感染する食中毒。軽い腹痛で済む場合もあれば、別の重篤な病気を引き起こすことも。

＊原因

病原性大腸菌 O157
- 生肉（特に牛肉）、水、牛乳、野菜を介した経口感染
- 便、おう吐物からの二次感染

＊潜伏期間
3〜4日

＊主な症状

- 激しい腹痛
- 激しいおう吐
- 水様便からはじまり血便になる
- 下痢による脱水症状
- 発熱は軽度

合併症

発病から2週間以内に溶血性尿毒症症候群(HUS)や脳症を発症する危険性がある。

＊対応

食器、食品はよく加熱して予防を。便やおう吐物の処理に気をつけましょう。（→ P.64 〜 65）おむつ替え後の手洗い、消毒を徹底します。

＊家庭での注意点

家族全員での手洗いの徹底、特に食品を扱う際の衛生を心がけるように伝えましょう。抵抗力が弱ると、合併症を引き起こす危険が高まるので、ゆっくり休んで睡眠を十分に取らせることが大切です。

流行性角結膜炎
（はやり目）

目が充血し、涙を流すのが特徴。目やにはそんなに多くありません。熱が出ることもあります。感染力が強く、プールの水や共用したタオルからうつります。

＊原因

アデノウイルス 8 型・19 型など
主に指やタオルからの接触感染

＊潜伏期間
2〜14日

＊主な症状

●炎症がまぶたの裏側の結膜だけでなく角膜にまで及び、白目がまっかに充血して痛み、涙が出る
●まぶたの裏に小さなぶつぶつができ、異物感がある
●耳前リンパ節がはれ、発熱、下痢を伴うこともある

＊対応

感染予防のため、手をよく洗い、タオルの共用はしないように。感染力が非常に強いため、登園の目安は結膜炎の症状が完全になくなってから。プールも避けましょう。

＊家庭での注意点

目に触らないようにし、手洗いを徹底します。家族間でもタオルなどの共用は避け、入浴は最後にしてもらいましょう。

急性出血性
結膜炎 （アポロ病）

突然、目の痛みや激しい異物感を訴えます。結膜下出血のため、目がまっかになり驚きますが、そのうちに治まるのであわてないようにしましょう。

＊原因

エンテロウイルス
主に指やタオルからの接触感染

＊潜伏期間
1〜3日

＊主な症状

●突然の目の痛み
●ゴロゴロとした激しい異物感
●目やに
●白目のひどい充血
●大量の涙が出る

ゴロゴロ

＊対応

手をこまめに洗い、タオルの共用は避けます。登園の目安は結膜炎の症状が完全になくなってから。プールも避けましょう。

＊家庭での注意点

目に触らないようにし、手洗いを徹底します。家族間でもタオルなどの共用は避けてもらいましょう。

りんご病
（伝染性紅はん）

ほおが鮮やかな赤色になることから、このように呼ばれます。また、ほおがこのような状態になったときには、すでに感染力はありません。

✴原因

ヒトパルボウイルス B19
主に飛まつ感染

✴潜伏期間
4〜14日

✴主な症状 （写真→P.115）

● 左右のほおがりんごのように赤くはれ、場合によってはほてりや痛み、かゆみが出る（紅はんは1〜2週間ほどで消える）

● 肩や手足にも、レース状の赤い発しんが広がることがある（直射日光に当たったり、入浴したりすると再発することも）

● 発熱はあまりないが、せきや鼻水などのかぜ症状を伴うこともある

● 一度完治すると免疫ができるので、再び感染することはまれ

✴対応

全身状態がよければ登園可能。かゆがるようなら体が温まらないようくふうをし、日光に当たらないように、できるだけ室内で過ごします。妊婦が感染すると、胎児水腫や流死産の可能性があるので注意を。

✴家庭での注意点

入浴時に皮膚を刺激することで、発しんが増える場合があります。おふろは短めに。元気でも外あそびはほどほどにしましょう。

手足口病

春から夏にかけて流行することの多い病気です。感染力が強く、免疫がつかないので、以前かかったことがあっても再び感染することも。

✴原因

コクサッキーウイルス、エンテロウイルスなど
飛まつ感染、経口感染

✴潜伏期間
3〜5日

✴主な症状 （写真→P.115）

● 手のひらや足の裏などに発しんや、口の中にのどの痛みを伴う水疱ができる

● 熱を伴う（発熱しないこともある）

● まれに下痢やおう吐を伴う

合併症

まれに脳炎、髄膜炎、心筋炎を引き起こす。

✴対応

園では手洗い、うがいを徹底して予防を。排せつ物にウイルスが含まれるため、おむつ替え後は特に注意します。元気があれば登園可能ですが、熱が3日以上続く場合は受診が必要です。

✴家庭での注意点

口の中に水疱ができている場合、食事がとりづらいので、刺激の少ないものを与えるようにします。食後はうがいをして口の中を清潔に保つようにしてもらいましょう。

とびひ
(伝染性膿痂しん)

<ruby>膿痂<rt>のうか</rt></ruby>

虫さされのあとや傷に菌が入ることにより、水ぶくれになります。かゆみが強く、かき壊すとみるみる広がります。夏によく流行します。

✳原因

黄色ブドウ球菌など
主に接触感染

✳潜伏期間
2〜10日

✳対応

タオルなどの共用は避け、患部に触らないように。患部が乾燥しているか、ほかの子どもにうつらないよう薬を塗ってガーゼなどで覆えば、登園可能。感染しやすいのでプールは避けましょう。

✳主な症状
写真→P.116

- 強いかゆみを伴う透明な水疱ができ、だんだん白く濁ってくる
- かき壊すことにより水疱がやぶれ、菌を含んだうみが接触すると広がっていく
- アトピー性皮膚炎があると重症化することが多い

✳家庭での注意点

手洗いをし、つめを短く切りましょう。患部にガーゼを当てるなどし、かきむしらないようにしましょう。

溶連菌感染症

初めはかぜの症状と似ていますが、2日以上ののどの痛みが続くようなら、溶連菌を疑いましょう。医師の診断の下、服薬することが大切です。

✳原因

溶連菌（A群β-溶血性連鎖球菌）
主に飛まつ感染、接触感染

✳潜伏期間
2〜5日

✳対応

感染した場合、病院の薬を飲んでから24〜48時間経過し、医師の許可があるまで登園禁止です。

✳主な症状
写真→P.115

- のどの痛みやはれ、おう吐、腹痛、頭痛
- 突然の高熱（38〜39℃程度）
- 1〜2日で赤く小さな発しんが首から胸に広がる
- 舌にいちごのようなブツブツができ、いちご舌になる

合併症
リウマチ熱、急性糸球体じん炎を引き起こすことがある。

✳家庭での注意点

のどや口の中の痛みがひどいときは、口当たりがよく刺激の少ない食事を。症状がなくなっても、医師から処方された薬をかってに中断することは厳禁です。再発の危険はもちろん、合併症を引き起こすこともあります。

知っておきたい
子どもの病気

子どものぐあいが悪いと、保育者も保護者も不安になるもの。そんなとき、子どもがかかりがちな病気についての症状と正しい対応を知っていれば、あわてずに済みます。また、予防できる病気は園でも対策を立てましょう。

ノロウイルス感染症 秋 冬

ノロウイルスの感染により発症する感染性胃腸炎。おう吐、下痢、発熱があります。免疫力が低下している場合や乳幼児は長引き、重症化することもあるので注意しましょう。

対応

脱水症状に気をつけ、吐き気を誘わないように少量ずつ水分を与えます。便やおう吐物を通じて感染するので、おう吐物の処理をしたあとやおむつ替えのあとはせっけんでよく手を洗い、二次感染を防ぎましょう。（→ P.64〜65）

＊学校感染症第三種に指定されており、条件によっては登園停止の措置が必要です。

RSウイルス感染症 夏 秋 冬

RSウイルスの感染により発症。鼻水やせきからはじまり、ヒューヒューという"ぜん鳴"があるなど呼吸器の症状が強く出ます。熱が出ないこともあります。6か月未満の乳児は重症化しやすく、細気管支炎や肺炎を起こすことも。

対応

早めの受診が肝心。根本的な治療法がないので、長引かせないように安静にさせ、医師の指示に従います。

＊学校感染症第三種に指定されており、条件によっては登園停止の措置が必要です。

ロタウイルス感染症 冬 春

ロタウイルスに感染するとおう吐と下痢が起こり、38℃程度の熱が出ます。一日に4〜5回ほど、すっぱいにおいのする黄色がかった白い下痢便が出ます。下痢は1週間ほど続きます。おう吐は数日で治まります。免疫力が低下している場合、重症化することもあるので注意しましょう。

対応

2011年11月から解禁されたロタウイルスワクチン（→ P.120）は、2020年10月から定期接種になりました。予防に効果的です。

＊学校感染症第三種に指定されており、条件によっては登園停止の措置が必要です。

  マークは、特に流行に気をつけたい季節を示しています。

マイコプラズマ肺炎

微生物である肺炎マイコプラズマの感染で起こり、5〜10歳くらいの子どもがかかりやすい病気です。肺炎にしては比較的症状は軽く、鼻水からはじまり、39℃の熱が続くこともあります。乾いたせきが長期間続くのも特徴です。

対応

症状があっても比較的元気なので、かえって治療が遅れることも。せきが長引くなどの症状が見られたら、早めに受診してもらいます。

*学校感染症第三種に指定されており、条件によっては登園停止の措置が必要です。

ヘルパンギーナ 春 夏

主としてコクサッキーウイルスの感染による夏かぜのひとつ。突然39℃前後の熱が出てのどの痛みを訴えます。扁桃腺の上に小さい水ぶくれがたくさんでき、2〜3日経つとかいようになります。熱は2〜4日で下がりますが、かいようが治るまでには1週間程度かかります。

対応

高熱のあいだは脱水症状を防ぐため、水分をよくとらせます。口の中が痛いので、刺激が少なくのど越しのよい食事を用意しましょう。まれに合併症で無菌性髄膜炎を起こすことがあるので、治りかけに高熱、頭痛、おう吐が見られたら、すぐに病院へ。

*学校感染症第三種に指定されており、条件によっては登園停止の措置が必要です。

クループ症候群（急性喉頭炎） 冬

パラインフルエンザウイルスなどに感染し、のどに炎症が起きることで発症。かぜのような症状からはじまり、発熱やのどの痛み、いぬの遠ぼえのような甲高いせきが出ます。呼吸が荒くなり、息を吸うときにヒューヒュー音がする"ぜん鳴"を伴います。

ケーン
ケン
ケーン

対応

早めに受診し、家では水分をたっぷりとってもらいます。加湿器などで部屋の乾燥を防ぎましょう。容体が急変して呼吸困難になったらすぐに救急車を。

川崎病 夏 冬

4歳以下の幼児に多く見られる、全身の血管が炎症を起こす病気です。38℃以上の高熱が5日間近く続き、さらに全身に水疱を持たない赤い湿しんができ、首のリンパ節や手足がはれ、目がまっかに充血します。唇がはれ、舌にぶつぶつ（いちご舌）が出ます。BCGの接種あとがまっかになることも多いようです。

対応

症状が現れたら、早急に受診してもらいましょう。治療には入院が必要です。

A型肝炎 春 冬

主にかきなどの海産物から感染し、発症するとけん怠感、食欲不振、不快感、おう吐、体重の減少、黄疸などが見られます。

対応

A型肝炎ワクチン（→ P.120）で感染を防ぐことができます。

＊学校感染症第三種に指定されており、条件によっては登園停止の措置が必要です。

B型肝炎

主に血液、体液を介しての感染や母子感染により発症します。集団生活のなかで水平感染することも。A型肝炎と同様の症状が出ます。

対応

B型肝炎ワクチン（→ P.120）で感染を防ぐことができます。

＊学校感染症第三種に指定されており、条件によっては登園停止の措置が必要です。

ぜんそく性気管支炎 冬

かぜを引いたとき、気管支ぜんそくに似たせきや呼吸困難を引き起こします。1〜2歳児に多く、くり返すうちに、気管支ぜんそくに移行することもあります。呼吸をするたびに、のどの奥がゼロゼロと鳴ったり、胸がゼイゼイしたりします。たんがからんでせきが出たり吐いたりし、ひどくなると呼吸困難を伴います。

対応

換気を行い、室内は適度な湿度を保つようにします。苦しそうな場合は、水分をとらせると楽になります。気管支ぜんそくとの区別がつきにくいので、医師の診察を受けてもらいましょう。

急性扁桃炎（へんとう）

扁桃が炎症を起こす病気で、のどの奥に白っぽい膜のようなものが出ます。つばを飲み込むだけで痛く、食事がとれない状態になります。また、39℃前後の高熱が出ます。

扁桃

対応

栄養不足にならないよう、軟らかくのど越しのよい食事を与えます。高熱が出ている場合は、のどが痛くても少しずつ水分をとらせましょう。

気管支ぜんそく 秋

気管支がなんらかの刺激を受けて収縮し、空気が通りにくくなる病気で、突然発作が起きます。たんがたくさん出てせきをくり返し、しだいにのどの奥からヒューヒューという"ぜん鳴"が聞こえてきます。呼吸困難を起こすことも。

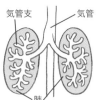

気管支　気管　肺

対応

ハウスダストなどのアレルギー反応から起こる場合も多いので、医師と相談し、環境を整えることも大切です。発作が起こったら呼吸が楽な姿勢を取らせ、背中をさすってあげましょう。保護者と予防薬などの相談をしておきましょう。

アセトン血性おう吐症（自家中毒） 春 冬

疲労、環境の変化やストレスなどから血中にアセトンという物質がたまり、発症します。急に元気がなくなり、腹痛、顔色が悪い、半日以上続く激しいおう吐などの症状が見られます。口の周りやおう吐物から、りんごが腐ったようなにおいがし、高熱を伴うこともあります。2～10歳くらいの男の子に多い病気です。

対 応

体力をつけるとともに、精神的なストレスを取り除くようにしてあげましょう。脱水症状を防ぐため、経口補水液をじょうずに使い、水分を意識してとらせましょう。

ネフローゼ症候群

じん臓の糸球体に異常が起こり、血液中のたんぱく質が大量に尿から排出される病気です。強いむくみが特徴で、顔色が悪くなり、だるさを訴えます。病状が進むと尿の量が減り、異常に泡立つことも。男の子は陰のうがはれます。

対 応

早急に受診を。多くは入院が必要になります。再発しやすい病気で、退院後も医師の指示の下、投薬などで治療を行います。食事療法も併用することがあります。

そ径ヘルニア

通常は生まれてくるときに閉じる、そ径部（太もものつけ根）にある腹膜鞘状突起が、開いたままになり、腸の一部や卵巣などが入り込んでしまいます。泣いたりうんちをしたりするとき、おなかに力を入れると脱腸を起こします。また、太もものつけ根にピンポン玉くらいの軟らかいこぶが見られますが、痛みはなく、押すとおなかの中に引っ込みます。元に戻らず、かんとんヘルニアになると激痛が起こり、重症化します。

対 応

1歳以下の男の子に多い病気です。足のつけ根がはれていたら、医師の診断を受けてもらいましょう。痛みがあるときは急いで病院へ。

停留睾丸（ていりゅうこうがん）

生まれてくるころまでに陰のうの中に収まるべき睾丸が、なんらかの理由でおなかの中にとどまっている状態です。陰のうを触ると、睾丸の感触がありません。特に痛みなどはなく、自覚症状もありません。

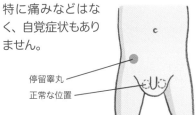

停留睾丸
正常な位置

対 応

自然に下りることもありますが、1歳までに下りてこない場合は医師に相談してもらいましょう。

急性中耳炎

かぜを引いたあとなどに、のどや耳についた細菌が耳の奥にある中耳に入り、炎症を起こします。
耳に激しい痛みを感じ、高熱が出ます。鼓膜がやぶれ、黄色い耳だれが出ることも。

中耳

対 応

慢性中耳炎にならないよう、早めに耳鼻科や小児科を受診してもらいます。医師の許可が出るまで入浴は控えます。痛みがひどいときは冷やしましょう。原因菌のひとつに肺炎球菌があり、ワクチン（→ P.120）で予防が可能ともいわれています。

滲出性中耳炎

鼓膜の内側の中耳に分泌液がしみ出してたまった状態になり、放っておくと難聴になることも。呼んでも返事をしないなど、耳の聞こえが悪くなったように感じます。子ども自身、痛みは感じないものの、耳に何か詰まったように感じる場合もあります。鼻水をよく出している子どもがかかりやすいといわれています。

対 応

発見しにくい病気ですが、3歳までの子どもの3割がかかるともいわれます。鼻の通りをよくするように、日ごろから気をつけましょう。治療は長くかかる場合もありますが、根気よく続けます。

突発性発しん 写真→ P.115

ヒトヘルペスウイルス6B・7の感染によって起こります。突然、高熱が出て3日ほど下がりません。熱が下がってから、腹部を中心にかゆみのない発しんが出ますが、このころはすでに回復期です。6か月～1歳半の乳児に多く見られ、生まれて初めての高熱がこの病気であることも多くあります。

対 応

熱が3日ほど続き、下痢をすることもあるので、脱水症状に気をつけます。熱性けいれんを起こしやすいのも特徴です。

アトピー性皮膚炎 写真→ P.116

アレルギー反応がもととなった皮膚炎を総じて、アトピー性皮膚炎といいます。皮膚にぶつぶつや湿しんが出ます。かゆみを伴い、かくことで悪化します。夏場は皮膚の化のうや汗、虫さされによる刺激でじくじくしやすくなります。一方、冬場は空気が乾燥しているため、かゆみが強くなります。

対 応

基本は清潔と保湿。体質が影響しているのですぐには改善しませんが、医師の下、気長に治療を続けていきましょう。

あせも

夏

汗や汚れが汗腺をふさぎ、赤いぶつぶつが髪の生え際、首、わきの下など汗をかきやすい場所にできます。かゆみがあり、かき壊すと傷から細菌が入って化のうすることもあるので注意します。

対応

風通しをよくし、汗をかいたらすばやくふき取ったり、シャワーを浴びたりするようにしましょう。早めに着替えることも大切です。かき壊さないよう、つめは短く切っておきましょう。

おむつかぶれ

写真→ P.116

おむつを当てている部分の皮膚が蒸れ、ふやけて傷つき、うんちや尿の刺激で炎症を起こし、まっかになります。かゆみや痛みのあるぶつぶつができたり、皮膚がむけたりすることもあります。

対応

こまめにおむつを取り替えましょう。おむつ交換のときにはていねいにおしりをふき、乾燥させてからおむつを当てます。天気のよい日にはおむつをはずして、日光浴をさせるものよいでしょう。皮膚カンジダ症とよく似ていることがあり、医師に診断してもらいます。

脂漏性湿しん

写真→ P.116

生後1〜2か月ごろから6か月くらいまで、母体からもらったホルモンの影響で脂肪の働きが活発になり、皮脂が出て起こる皮膚炎です。皮脂腺の多い頭、顔、まゆなどにふけのような黄色いかさぶたができ、皮膚が赤くなります。強いかゆみはありません。

対応

頭はせっけんやシャンプーでしっかり洗い、顔は泡立てたせっけんで優しく洗って保湿をしてもらうように保護者にお願いします。湿しんがひどいときには医師に相談を。

頭じらみ症

頭じらみが毛髪部に寄生することによって、頭に激しいかゆみや不快感が起こります。主に頭髪が触れ合うことで感染します。

対応

殺虫成分の入ったシャンプーを家族全員で使用するなど、医師の指示の下、駆除を行ってもらいます。シーツやまくらカバー、ブラシやタオルなどの共用はやめましょう。

＊学校感染症第三種に指定されており、条件によっては登園停止の措置が必要です。

夏の健康ケア

高温多湿の夏は、体調を崩しやすい季節。
熱中症や感染症などを防ぐため、快適な環境づくりを心がけます。
また、プールは水を介していろいろな病気に感染しやすい場でもあるので、気をつけましょう。

室温・湿度
適温・適湿で熱中症と冷えを予防しましょう

エアコンを使用するときは、目安として室温が26〜28℃になるように設定し、体に直接冷風が当たらないようにくふうしましょう。湿度が60%以上で風通しが悪いところでは、室内でも熱中症が起こるので気をつけます。

27〜28℃

水分補給
一度にたくさんより、回数を増やすのが効果的です

暑い時期は、脱水症状を防ぐため、特にのどの渇きを訴えなくても、保育の途中でこまめに水分補給をしましょう。通常の水分補給は水やお茶でかまいません。

夏の服装
室内や短時間の外出でも対策を忘れずにしましょう

外あそびにはつばの広い帽子や、首もとに日よけのついた帽子を。また、綿など汗を吸う素材の下着や、ゆったりした風通しのよい服装を心がけます。乳児のつなぎの下着は熱がこもりやすいので注意。

プールに入れる・入れない病気

病気に関する正しい知識を身につけ、プールに入る当日は子どもたちの体調チェックを念入りに行いましょう。熱がある場合など、あらかじめ「プールに入れない条件」を保護者と共有することも大切です。

プール	病 名	注 意 点
OK	アトピー性皮膚炎	ただし、かき壊してじくじくした傷がある場合はプールを避ける。
	アレルギー性結膜炎	かかりつけ医に相談し、症状が安定していればOK。プールのあとはよく目洗いを。
	アレルギー性鼻炎	熱などの気になる症状がなければOK。
	水いぼ(伝染性軟属腫)	かき壊している場合は、プールを避ける。また、直接触れないようにし、タオルなどの共用はしないように。
	滲出性中耳炎	かかりつけ医に確認を。症状が安定していればOK。痛みや発熱がある場合はNG。
	頭じらみ症	水泳帽を着用し、子どもどうしの頭が触れないようにしておけば、プールの水を介して感染することはほとんどない。
NG	ヘルパンギーナ	症状が出ているときは感染のリスクが高く、脱水症状などの合併症を引き起こす可能性もあるためNG。
	手足口病	症状が出ているときは感染のリスクが高く、脱水症状などの合併症を引き起こす可能性もあるためNG。
	プール熱(咽頭結膜熱)	プールの水を介して感染することが多いので避ける。
	流行性角結膜炎(はやり目)	プールの水を介して感染することが多いので避ける。
	とびひ(伝染性膿痂しん)	感染力が非常に強く、患部の清潔が必要なためプールは避ける。
	下痢	水を介して細菌やウイルスに感染することもあるので、プールは避ける。
	急性中耳炎・急性外耳道炎	患部の清潔が必要なため、プールは避ける。

※上の表はあくまで目安ですので、園の基準や方針に従って判断してください。

プール前に健康チェック！

- ☐ 熱はないか
- ☐ 下痢・腹痛はないか
- ☐ 目やに・目の充血はないか
- ☐ だるそうにしていないか
- ☐ ぶつぶつ・発しんが出ていないか

冬の健康ケア

冬場はウイルスが増殖しやすく、感染症のリスクが高まります。
また、冬の感染症は飛まつ感染によることが多いもの。
適温・適湿を保ち、清潔を心がけて、子どもたちを感染から守りましょう。

室温・湿度

暖房を使用するときは、あわせて加湿を心がけて

活動時は20℃、午睡時は23℃を目安にこまめに室温管理を。空気が乾燥すると、ウイルスが飛散しやすくなります。湿度は60%以上になるように、ぬれタオルや加湿器などで調整をしましょう。

感染症予防

園生活のなかで感染を予防する習慣づくりを

基本は手洗い・うがい。子どもたちの日常の習慣として取り入れ、予防を徹底します。うがいのできない乳児は、水分をとるようにしましょう。また、30分に1回は換気をしましょう。

冬の服装

子どもは冬でも汗をかきやすいものです

寒いからといって衣服を着込んでいると、運動後などに汗をかくことがあります。汗が冷えると体温を奪い、体調を崩す原因に。こまめに衣類の調節をし、汗をかいたら着替えをさせます。

せきエチケット

感染者がせきをすると約2m、くしゃみをすると3m、ウイルスを含むしぶきが飛び散ります。集団生活の場である園では、周りの人にうつさないように、子どもたちにもせきエチケットを伝えましょう。

❶ ティッシュペーパーで押さえる

せき・くしゃみをするときは、ティッシュペーパーで口と鼻を押さえます。ティッシュペーパーがないときにはハンカチやそでで押さえます。手で押さえると、ドアやおもちゃなど、触ったところにウイルスがつき、感染を広げることになります。また、周りの人から顔を背けるようにしましょう。

❷ ティッシュペーパーは自分で捨てる

使ったティッシュペーパーにはウイルスがいっぱい。ほかの人が触らないように、せき・くしゃみをした本人がごみ箱に捨てます。

❸ 手を洗う

せき・くしゃみをしたら、すぐにせっけんで手を洗うように習慣づけましょう。

マスクをする

マスクはウイルスから身を守るだけでなく、感染している場合に人にうつさない、という意味もあります。せき・くしゃみがある子どもは、マスクを着けるようにしてもよいでしょう。

子どものアレルギーへの対応

乳幼児のアレルギーとは

　人間の体には有害な異物を追い出そうとする免疫反応がありますが、本来は害のないたんぱく質などの物質に過剰に反応し、疾患を引き起こすのがアレルギー反応です。この反応を引き起こす物質を抗原またはアレルゲンといい、何が抗原になるかは人によって異なります。

　乳幼児のアレルギーの多くは、0〜1歳で食物アレルギー、アトピー性皮膚炎などからはじまるといわれています。成長につれて症状が軽くなったり治ったり、ぜんそくや花粉症などの新しい症状が出たりするなど、年齢によって変化していくことや、ひとりがさまざまなアレルギー症状を合併して発症することがあるのが特徴です。

主なアレルギーの原因物質

できるだけ抗原との接触を避け、発症することのないよう配慮しましょう。

●食物

主に特定の食材を食べることでアレルギー反応が起こります。顔や口の周りに発しんが出る、目やのど、鼻の粘膜がかゆくなる、せきやおう吐、下痢などの症状が見られる場合もあります。

主な食品アレルゲン

3大アレルゲン

| たまご | 牛乳・乳製品 | 小麦 |

そのほかにも……
・だいず、だいず製品　・そば　・魚類　・ピーナッツ
・果物　・甲殻類（えび、かに）　・ごま　など

●花粉

すぎやぶたくさなどの花粉が、鼻炎、結膜炎などを引き起こします。乳幼児は花粉症になりにくいとされていましたが、近年発症例も多く見られるようになってきています。

●だに・ハウスダスト

だにのふんや死がい、ほこり、かびなどが空気中に浮遊し、アトピー性皮膚炎や、ぜんそくの原因になります。部屋の換気と清掃をこまめに行いましょう。

●動物

動物の毛やふけなども抗原となります。いぬ・ねこ・ハムスター・うさぎ・いんこなどとの接触によって、くしゃみ、せき、鼻水などの症状が出ます。動物アレルギーの子どもがいる場合、飼育当番や動物園への園外保育などでは配慮をしましょう。

知っておきたいアレルギー疾患

アレルギー反応によって引き起こされる症状を知りましょう。
アナフィラキシーショックは命にかかわることもあります。

アトピー性皮膚炎

乳幼児のアトピー性皮膚炎による湿しんは、生後2〜3か月くらいから発症します。症状が成長につれて変化するので、注意が必要です。

くわしい症状・対応→P.90

じんましん

アレルギーによる皮膚反応で、赤い発しんが出ます。食物アレルギーの主な症状のひとつ。数時間から1日程度で自然に治まることがほとんどです。

写真→P.115

気管支ぜんそく

1〜3歳までが発症のピークで、子どものぜんそくの9割が6歳までに発症するといわれています。

くわしい症状・対応→P.88

アレルギー性鼻炎

ハウスダストや花粉などに反応し、くしゃみ、鼻水が出ます。近年、発症の低年齢化が目だっています。

アレルギー性結膜炎

目のかゆみと涙が主な症状。子どもが目をこすらないように注意します。

アナフィラキシーショック

はちにさされることや、食物アレルギーなどで起こる非常に強いアレルギー症状です。激しいおう吐や呼吸困難、意識がもうろうとしてきたなどのショック症状が出たら、すぐに救急車を呼びましょう。緊急時にはエピペン（アナフィラキシー補助治療剤）の注射が必要になる場合も。

園で注意するポイント

アレルギーがある場合は半年に1度は医師の診断を受け、変化していく状態をきめ細かく把握し、保護者と園全体で情報を共有することが重要です。そのうえで、食事やかゆみの手当てなど、園でできる範囲を明確にしながら、どのような対応をするかを保護者とよく話し合っておくとよいでしょう。

環境を整える

食物アレルギーは食べ物に触れたり、食材の入っていた器を触ったりするだけでも症状が出てしまう場合があります。アレルギーのある子がほかの子どもの給食や器に触れないように、保育者がつねにそばで見守れるような席の配慮が必要です。豆まきや遠足のお弁当など、行事の際にも事故が起きないように注意します。また、布類はこまめに洗濯したり、そうじを徹底したりと、ハウスダストなどの抗原を減らすことも重要です。

保護者・医師との連携を

子どもが医療機関を受診する際に、園側で用意した指示書を渡し、食物アレルギーの除去食などについての指示を医師に記入してもらうとよいでしょう。除去食の解除は、かかりつけ医と保護者で進めて、家庭で問題がなければ書面申請してもらい、園でも解除するというようにしましょう。乳児は食物アレルギーが未発症の場合もあるので、園の給食で初めて食べるものがないよう事前に家庭で食べてもらうと安心です。

知って おきたい 予防接種

病原体の毒性を弱めたり、なくしたりしてつくったワクチンを体内に入れることで軽い感染状態をつくり、その病気に対する免疫力をつけるのが予防接種です。抗体ができると、重症化しやすいその病気に感染しにくくなり、また罹患しても軽く済ますことができます。いっぽうで、接種によってはれや発熱などの副反応や、免疫力低下などを引き起こすこともあります。

乳幼児にとって、副反応を恐れて予防接種を受けずに重篤な病気に感染したときのリスクは大きいといえます。また、予防接種は病気の社会的な流行を防ぐことも重要な目的です。保護者が冷静な判断をし、子どもを病気から守れるよう、保育者も正しい知識を持つようにしましょう。

乳幼児が受けられる予防接種

乳幼児期に受けられる予防接種には以下のものがあります。

定期接種

法律で定められている予防接種で、国が接種を奨励しています。対象年齢であれば、たいてい無料で受けられます。医療機関のほか、集団接種を実施している自治体もあります。

- ・BCGワクチン
- ・MRワクチン（麻しん・風しん混合）
- ・日本脳炎ワクチン
- ・四種混合（DPT-IPV）ワクチン※
- ・Hibワクチン
- ・小児用肺炎球菌ワクチン
- ・水痘ワクチン
- ・B型肝炎ワクチン
- ・ロタウイルスワクチン

※2020年10月より、ロタウイルスワクチンは定期接種になりました。

任意接種

希望者が医療機関で受けることができます。重症化する病気が予防できる接種も多くあります。費用は自己負担ですが、補助が出る自治体もあります。

- ・おたふくかぜワクチン
- ・インフルエンザワクチン　など

※新型コロナワクチンとインフルエンザワクチンとの同時接種は可能です。互いに、片方のワクチンを受けてから2週間後に接種できます。

ワクチンの種類

ワクチンは種類によって、それぞれ接種する回数や間隔が異なります。

生ワクチン	不活化ワクチン	トキソイド
細菌やウイルスを生きたまま使用し、毒性を弱めたもの。実際に病気にかかったときと同じように免疫をつくる。	細菌やウイルスを殺し、免疫に必要な成分を取り出し、毒性をなくしたもの。体内で増殖しないため、複数回接種・追加接種を行う。	病原体の毒素だけを取り出し、毒性をなくし、免疫原性だけを使用したもの。不活化ワクチンの一種で、複数回接種を行う。
[次の接種まで 4週間以上あける]	[次の接種まで 1週間以上あける]	[次の接種まで 1週間以上あける]

※2020年10月から、下記の3つのルールを守れば、前のワクチン接種からの間隔にかかわらず、異なるワクチンの接種を受けることができるようになりました。
1.注射生ワクチンから次の注射生ワクチンの接種を受けるまでは27日以上の間隔をおくこと。
2.同じ種類のワクチンの接種を複数回受ける場合は、ワクチンごとに決められた間隔を守ること。
3.発熱や接種部位のはれがないこと、体調が良いことを確認し、かかりつけ医に相談の上、接種を受けること。

園で注意するポイント

集団生活において、子どもに適切な予防接種を受けてもらうことは、
感染症予防のひとつです。正しい知識と情報を保護者と共有しましょう。
また、制度が変わることもあるので、最新の情報にも気を配ることが大切です。

＊ 予防接種への意識を 高めましょう

保健だよりなどで、制度の変わり目や季節・年齢などに応じて、予防接種の情報を提供しましょう。メリット・デメリットの両面から予防接種の重要性を伝え、保護者の不安や疑問に答えられるように努めます。ただし、あくまで判断するのは保護者です。接種を受けられない体質もあり、接種に対する考え方もさまざまなので、強要できないことも理解しましょう。

＊ 子どもの予防接種歴を 把握しましょう

接種を受けたら教えてもらうよう、保護者にお願いをしておきます。どの接種が済んでいるか個別に確認できるよう、チェックシートを作ると、受け忘れに気づくことができます。感染症の病歴もいっしょにチェックすると万全です。シートは定期的に確認してもらい、少なくとも1年に1度は更新するようにします。

気になる子どものくせ

　子どもの気になるくせは習癖と呼ばれ、指をしゃぶる、つめをかむといった
よく見られるものから、発達障害などの特性が原因のものまで数多くあります。
ストレスなどからの一時的な場合も少なくありませんが、気にしたりやめさせた
りすることが、かえってくせを強くすることもあるので、慎重に対応しましょう。

　子どものようすが気になったら、まずは観察し、気をそらせることでなくなる
かどうか、試してみましょう。なかなか治らず、日常生活に支障が出る場合や、
子ども自身も気にしている場合は、保護者にお願いして小児科医や専門家に相
談してもらいましょう。

気にしなくてよいくせ

チックや吃音は気にしないほうがよい
といわれています。おとなが気にして注
意すればするほど、症状が出てしまい
ます。自然に治まるのを待ちましょう。
また、睡眠中に突然起きて泣き叫ぶ夜
驚症や、歩きまわる夢中遊行症などは、
子ども自身に意識がなく、覚えていな
いので、特に話題にする必要はありま
せん。ただし、子どもに危険がないよう
に、症状が現れる就寝後2時間ぐら
いは注意するようにします。

園で対応できるくせ

指しゃぶりは1歳半の子どものおよそ30％に見られ、成長につれて減少していきます。つめかみは大きくなるにつれ、だんだん多く見られるようになります。いずれもほとんどが大きな問題になることはない一過性の生理的な行動です。過剰な心配をせず、無理に禁止しないようにします。子どもが手持ちぶさたなときや寂しさ、ストレスを感じているときにすることが多いので、見かけたら子どもが興味を示すようなあそびに誘うなど、うまく関心をほかに向け、自然に忘れさせるようにします。性器をいじる、髪の毛を抜く、歯ぎしり、頭を振ったりたたく、体を揺らすといったくせも同じように対応しましょう。

NG
原因探しはしない

子どもに気になるくせを見つけると、原因を探したくなるものです。習癖の原因はストレスといわれることもありますが、そのストレス源を探すことが保護者の気持ちを追い詰め、子どもに新たなストレスを生み、状況を悪化させることもあります。周りのおとなが自然に接し、一喜一憂せずに気長につき合うことが大切です。保護者には、子どものよい面を見つけて伝えたり、安心できるようなアドバイスをします。不安を感じる保護者には、まずは小児科医に相談してもらうとよいでしょう。

専門家に相談したほうがよいくせ

チックが自然に治まらず、逆に激しくなったり、目から顔全体などに範囲が広がってきたりする場合は、トゥレット症候群の可能性があります。専門家に相談しましょう。また、家庭では話せるのに、外ではことばを話さない、といった場面緘黙（かんもく）は、その背後に発達障害などの特性が隠れていたり、子どもの気持ちを代弁し、対応できるおとなが身近に必要となるため、早い時期からの支援が必要です。どうやって専門家を探したらよいかわからないときは、かかりつけの小児科医で対応のしかたを教えてもらえます。

歯の健康

乳歯が生えはじめる 6 か月過ぎごろから永久歯への生え替わりまでは、歯の健康にとって特に大切な時期です。子どもの発達に合わせ、家庭と連携しながら、少しずつ自分でケアができるように習慣づけていきましょう。

成長に合わせた歯のケア

	園でのケア	家庭でのケア
乳歯が生えてくる時期（6か月過ぎ〜2歳くらい）	乳歯が生えはじめたら、口の中に糖質が残らないように気をつけます。ミルクや離乳食のあとは、お茶やさゆを飲ませましょう。	ガーゼを中指に巻いて歯を軽くこすったり、歯ブラシで食べかすをきれいに除いたりしてもらいましょう。
乳歯が生えそろった時期（2歳〜3歳くらい）	食後に「ブクブクペー」をします。3歳を過ぎたころからようすを見て歯みがきの練習を始めます。楽しく覚えられるようにくふうし、習慣づけるようにします。	食後は「ブクブクペー」を。だんだん自分で歯磨きができるように練習させます。就寝前には保護者にしあげみがきをしてもらいましょう。
6歳臼歯が生えてくる時期（5歳過ぎくらい〜）	永久歯の大切さを伝えましょう。6歳臼歯が生えてきたら、奥までみがくように指導します。乳歯が抜けたあとは食べかすが取れにくいのでしっかりとゆすぐように。	朝晩、食後の歯みがきを習慣づけます。就寝前には必ず保護者がしあげみがきをするように伝えましょう。

どうして虫歯になるの？

「糖質」「細菌」「歯の質」の3つの条件が重なると虫歯になります。おやつや食事に含まれる糖質が口の中の細菌に取り込まれ、プラーク（歯垢）ができます。そのままにしておくと、細菌がつくり出す酸が歯を溶かし、虫歯になります。また、乳歯は永久歯に比べて軟らかく、耐酸性も弱いので、虫歯のリスクも高いもの。生え替わるからと安易に考えず、乳歯のうちから歯のケアを習慣にしましょう。

歯のケアのポイント

歯みがきを嫌いにならないように、
楽しみながら取り組めるようにしましょう。

✳「ブクブクペー」を練習しよう

2歳半くらいからは食後に「ブクブクペー」で口をゆすぐ習慣を。保育者が少し大げさにやって見せ、まねをさせます。最初はうまくできないこともありますが、焦らず取り組みます。家庭で、おふろの時間など、ぬれてもよい環境で練習してもらうのもよいでしょう。

✳ 歯みがきは楽しい雰囲気で

歯みがき指導は覚えやすいように毎回同じ動作、順番で。保育者もいっしょにみがいて見せるとわかりやすくなります。最初は歯ブラシを口に入れているだけでもOK。神経質になりすぎず、楽しく習慣づけるようにしましょう。

✳ 家庭でのしあげみがきが大切

家庭で就寝前にしあげみがきをしてもらうように、おたよりなどで歯のケアのポイントを伝えます。子どもの頭をひざの上にのせ、軽くはさんで固定したら軽い力で細かく歯ブラシを動かします。いやがる子どもには、短時間で済ませるようにし、終わったらほめてもらうとよいでしょう。

✳ 歯みがき中の事故にも注意

歯ブラシをくわえたまま歩くと、転んで思わぬけがをすることも。歯みがき中は集中させ、必ずそばで見守ります。歩いたり走ったりすることのないように伝え、安全に気をつけるようにしましょう。

習慣づけたい
生活のリズム

乳幼児期は、体と脳が育つ大切な時期であり、成長に欠かせないホルモンの分泌には、毎日の睡眠と運動が重要です。起床・朝食・昼食・夕食・就寝を決まった時間で毎日くり返し、元気に過ごせる生活リズムを整えていきましょう。しっかり習慣づけるには、家庭と園の協力が大切です。

一日の生活リズムとホルモンの分泌

●起床
カーテンを開けたり電気をつけたりして部屋を明るくし、毎日決まった時間に起きます。光を浴びることで体内時計がリセットされ、脳も目覚めます。

●朝食
朝、エネルギーをとることで体温が上がり、脳の活性化にもつなげます。起床後30分くらいして胃や腸が動きだしてから食べるとよいでしょう。

園での生活

●午前の活動
運動機能の発達につながるよう、体を動かし、瞬発力を養うあそびをしましょう。

●昼食
しっかり食べることができるよう、空腹な状態で迎えます。

●午睡
決まった時間に布団に入り、15時には起こします。もぞもぞ動きはじめた子どもや、夜、寝つきが悪い子どもは少し早めに起こしてあげるとよいでしょう。

●おやつ
夕食までおなかがすかないくらいの量を食べます。

6:00　8:00　10:00　12:00　14:00　16:00

ホルモンの分泌

セロトニン

心のバランスを整え、体内時計をコントロールします。主に昼間に、日光と十分な運動、バランスのよい食事によってつくられます。メラトニンの原料にもなります。

園で心がけること

まずは、昼間はたっぷりと運動をさせるよう心がけます。必要な睡眠時間は子どもによって違うので、午睡は時間を均一にしようとするのではなく、起こすタイミングを調節してあげましょう。また、正しい生活リズムの必要性を保護者に伝えていくことも大切です。日中ぼーっとしていたり、眠そうにしていたりする子どもがいたら、園でのようすを伝えて保護者に生活リズムの改善をしてもらいましょう。

家庭に伝えたいこと

早寝早起き、決まった時間に三食の食事をとる、という生活リズムが子どもの心身の成長に大きくかかわることを伝えます。家庭によって事情はさまざまですが、保護者との信頼関係を築き、共感を持ってアドバイスをしましょう。生活リズムが乱れたら、どんなに眠たがっても、朝、早く起こすことで立て直してもらいます。

●夕食

毎日決まった時間にしっかりと食べます。消化が十分でないと睡眠に影響するので、夕食はできるだけ早い時間にとるようにします。

●夕食後のあそび

テレビやゲームは気分を興奮させるので、静かなあそびをしましょう。

●入浴

体温が上がりすぎると、寝つきが悪くなるので、ぬるめのお湯でゆっくり入浴を。

●就寝

パジャマに着替えたり、歯みがきをしたり、寝る前の習慣をつくると寝つきがよくなります。絵本の読み聞かせや、添い寝もよいでしょう。就寝時には部屋を暗くしてやすみましょう。

18:00　20:00　22:00　24:00　2:00　4:00

成長ホルモン　メラトニン

細胞を活性化させ、組織の成長や代謝を促進します。21時から23時に深い睡眠ができると分泌量が増加します。

睡眠導入効果や鎮静作用があります。目に入る光の量が少なくなることで生成されるので、暗くなると増加します。

乳児の保育室

好奇心がおうせいな乳児は思いがけない行動を取ることがあります。また、判断力や反射神経が未熟なため、事故につながりやすいもの。なんでも触ったり口に入れたりする可能性があると考え、対策を講じます。また、危険なところがないか、子どもの目線で保育室をチェックし、安全な環境を整えましょう。

ポイント

● 触るもの、口に入れる可能性があるものを清潔に保つ

● 安全さくやロックを設置し、転倒・転落、指はさみを防ぐ

● 誤飲・誤食、窒息事故を予防する

● 手の届くところに危険な物を置かない

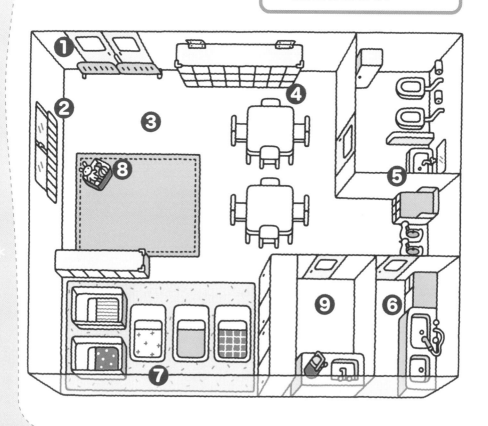

保育室の安全をチェック！

❶ 出入り口

□ 安全さく・ロックを閉めているか
□ ドアが勢いよく閉まらないか
□ ちょうつがいや戸袋に
　指はさみの防止策を取っているか

❷ 窓・ベランダ

□ 安全さくを閉めているか
□ 踏み台になるような物は
　置いていないか
□ 子どもが開けられないロックを
　しているか
□ ガラスは割れても
　飛び散らないようにしているか

❸ 床・壁

□ 床に物が落ちていないか
□ 床はぬれていないか
□ 壁の掲示物や画びょうが
　落ちていないか
□ つかめる高さに危険な物はないか

❹ 家具

□ 棚やロッカーは固定されているか
□ 家具の角は丸くなっているか、
　または安全カバーがついているか
□ いすや机は安定しているか

❺ トイレ・おまる
おむつ交換台

□ 清潔にしているか
□ トイレの入り口は閉まっているか
□ そうじ用具や洗剤は片づけてあるか

❻ もく浴室

□ 水は抜いてあるか
□ 入り口は閉まっているか
□ 踏み台になるような物はないか
□ 清潔にしているか

❼ ベビーベッド・布団

□ 寝具は清潔か
□ ベッドや布団の上に物が落下する
　危険はないか
□ さくは安全か
□ さくと寝具のあいだに
　すき間はないか

❽ おもちゃ・備品など

□ 清潔にしているか
□ 口に入るような小さなおもちゃや
　備品がないか
□ 破損した物がないか
□ コンセントにカバーはついているか
□ ビニール袋やラップなどが
　手の届くところにないか
□ 手の届くところに危険な物や
　だいじな物がないか

❾ 調乳室

□ 入り口の安全さくを閉めているか
□ 手の届くところに洗剤や危険な物が
　ないか
□ ポットにロックがかかっているか
□ 清潔にしているか

幼児の保育室

体が大きくなり、運動量も多くなる幼児は、けんかや転倒などによるけがの危険も増えるので、できるだけスペースを広く使えるようにします。また、設備や用具に破損やけがの原因になるような危険な物がないかチェックをしましょう。はさみやえんぴつなど、扱いに注意が必要な道具も増えてくるので、それらの管理を徹底します。

ポイント

● けがや転倒事故の予防をする

● 道具の安全な取り扱いを徹底する

● 整理整とんをする

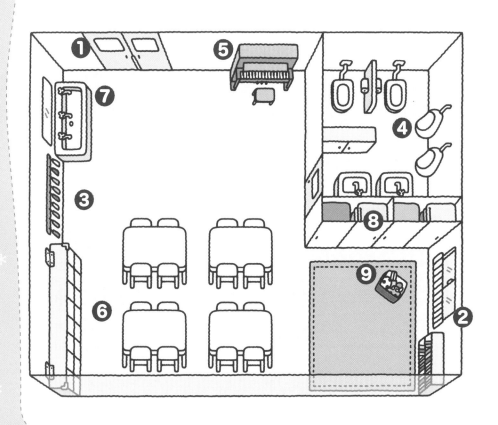

保育室の安全をチェック！

① 出入り口

- ☐ ドアが勢いよく閉まらないか
- ☐ ちょうつがいや戸袋に指はさみの
  防止策を取っているか

② 窓・ベランダ

- ☐ 踏み台になるような物は
  置いていないか
- ☐ ガラスは割れても飛び散らないように
  しているか

③ 床・壁

- ☐ 汚れていないか
- ☐ ぬれているところはないか
- ☐ 物は落ちていないか
- ☐ 子どもが動きまわる十分なスペース
  があるか
- ☐ 壁の掲示物や画びょうが
  落ちていないか
- ☐ タオルかけ、コップかけなどが
  壊れていないか

④ トイレ

- ☐ 清潔にしているか
- ☐ 床がぬれていないか、
  または滑らないか
- ☐ そうじ用具や洗剤は片づけてあるか

⑤ ピアノ

- ☐ ふたや角にクッションやガードをつけ
  ているか
- ☐ ピアノの上に物をのせていないか

⑥ 家具

- ☐ 棚やロッカーは固定されているか
- ☐ 家具の角は丸くなっているか、
  または安全カバーがついているか
- ☐ いすや机は安定しているか

⑦ 手洗い場

- ☐ 清潔にしているか
- ☐ そうじ用具や洗剤は片づけてあるか

⑧ 布団

- ☐ 寝具は清潔か
- ☐ 布団をしまう押し入れは
  そうじをしているか

⑨ おもちゃ・備品など

- ☐ 清潔にしているか
- ☐ 破損した物がないか
- ☐ コンセントにカバーはついているか
- ☐ 手の届くところに危険な物や
  だいじな物がないか
- ☐ はさみなどの道具は安全に取り扱い、
  片づけているか

保護者への対応

子どもにもしものことがあったときの連絡は、保護者が動揺しないよう、
冷静かつ誠実に。園全体で同じ対応をすることが重要です。
また、家庭と連携できるよう、伝え方にも心を配りましょう。

子どもが病気のとき

ぐあいが悪く、お迎えが必要な場合は、まず連絡を。病状と経過、どんな手当てや対応をしたのかを正確に説明します。ふだんのようすとの違いを伝えるとわかりやすいでしょう。園の方針によっても異なりますが、基本的に病院へは保護者に連れていってもらいます。しばらく園でようすを見る場合も、「何かあったら、また連絡します」と伝え、対応を相談しておくと、保護者も心積もりができます。

　緊急時で保育者が直接病院へ連れて行く場合は、保護者と相談のうえ、どこの病院に行くかを伝え、病院で待ち合わせます。また、帰宅後電話を入れてようすを聞くとより安心です。

POINT

✳伝えるときは……
・いつから
・どのように
・今どんなようすか を報告する

NG

「熱があるので
すぐに迎えに来てください」

漠然と「熱がある」だけでは伝わりにくく、不安な気持ちにさせます。子どものようすをきめ細かに伝えましょう。

OK

「食欲がなく、いつもより元気がなかったので熱を測ったら38℃ありました。今、保健室で休んでいます。お医者さまに早めに診ていただくと、○○ちゃんも安心だと思います。少し早めにお迎えに来ていただけますか？」

NG

「今、流行しているので
○○だと思います。すぐに
病院へ行って検査してください」

何の感染症かを決めつけてはいけません。また、検査や処置も医師が決めるものです。ただし、診断の助けになるので、発しんがいつから出たか、などの情報と、園で流行している病気があれば伝えます。

OK

「急に熱が出て、お昼すぎから発しんも見られます。ひどくなる前に、お医者さまに診ていただくと安心ですね。病院に行かれたら、園で○○が流行していることをお医者さまにもお伝えください」

子どもがけがをしたとき

園で起こった事故やけがは、基本的に園の責任と考え、小さなけがでも誠実に対応します。事故の原因や状態、どんな手当てや対応をしたのかを保護者へていねいに報告し、その後気になることがあれば連絡してもらいます。すぐに連絡する必要のないけがでも、お迎えなどで保護者と会える場合は、実際にけがをした箇所を見せながら説明を。会えない場合はできるだけ電話で説明し、その後のようすを聞くようにしましょう。

憶測を言ったり、かってにしろうと判断をしたりしてはいけません。判断に迷うことは、確認してから伝えるようにしましょう。

POINT

✳ 伝えるときは……
　・いつ、どこで、何をして けがをしたのか
　・どんな手当てをしたのか を報告する

✳ けがの大小にかかわらず、
　誠実に対応する

✳ 冷静に、客観的な
　事実だけを伝える

NG

「たいしたことはないすり傷なので、だいじょうぶですよ」

POINT

どんな小さな傷も保護者にとっては心配なもの。誠意を持って報告し、子どもの心の動きと経過をていねいに説明します。けがをした子どもが安心できるように心がけましょう。

OK

「すり傷は小さいのですが、急に転んでびっくりしたようです。手当てのときは、がんばってがまんできましたよ。しばらくようすを見ていたら、また元気に遊びはじめましたが、おふろに入るときにしみるかもしれないので、気をつけてあげてくださいね」

NG

「けんかをして××ちゃんにかまれてしまいました」

POINT

けがをさせた子どもの名前や過失を口にしてはいけません。子どもどうしにはきちんと仲直りをさせ、中立の立場で客観的に把握してから報告を。気になることがあれば園が窓口になることを伝え、保護者間で問題にならないように気を配ります。

OK

「ちょっとトラブルがあってかまれてしまいました。すぐにあとが残らないように手当てしましたが、とっさのことで止められず、申しわけありませんでした。お友だちが謝ったら許してあげて、すぐに仲直りできました。何か気になることがあったら、すぐに園にお知らせくださいね」

重大な事故・けがの連絡をするときは……

●園の管理責任者から保護者に連絡
必ず園長など、園の管理責任者から連絡をします。その後も保護者とのやりとり・対応は管理責任者が窓口となります。

●事故・けがの経過説明をする
管理責任者から、冷静に説明を。担当保育者はその場に同席し、必要な場面で事故の状況を正確に報告します。必ず複数で対応し、話した内容を記録します。

●保護者の意見を聞き、謝罪を
保育者は保護者の意見を十分に聞き、受け止めましょう。起きてしまった事故に対して、誠意を尽くして謝罪をします。

●再発防止と事故後のケアをする
再発防止に向け、園全体で検討します。協力して子どものフォローや再発防止に取り組み、保護者にも報告をしましょう。

連絡メモを保護者に

保育中の子どもの症状や状況、行った手当てなどをメモして保護者に渡しましょう。
病院で医師に見せてもらえば、診察の助けにもなります。

体調不良 お知らせメモ*

名前　　　　　　　　月　　日

● **熱**　　　　度（　　時　　分）
　　　　　　　度（　　時　　分）
　　　　　　　度（　　時　　分）

● **症状**　（あるものに○をつけています）
・発しん
　どんな発しん? ──────────
　発しんに気づいた時間　　　時　　分ごろ

・下痢　・おう吐　・腹痛　・せき　・頭痛

● 子どものようすと園で行った手当て

● 園で流行している病気

*病院を受診するときはお医者さまに見せてください

POINT
・熱は時刻と数値を書き込みます。複数回測ったら、そのつど記入を。
・発しんは気づいた時刻もメモするとよいでしょう。
・園で流行している病気があれば、記入します。

けが お知らせメモ**

名前　　　　　　　　月　　日

● けがのようす

● けがをした状況
・いつ ──────────────
・どこで ─────────────
・どんなふうにけがをしたか

● 子どものようすと園で行った手当て

*病院を受診するときはお医者さまに見せてください

POINT　・状況は客観的な事実だけを記入します。

INDEX ＊

監修 秋山千枝子

福岡大学医学部卒業後、同大学小児科、国立精神・神経医療研究センター神経研究所、緑成会整育園小児科医長を経て、あきやま子どもクリニック（東京都三鷹市）院長。こども相談室、病児保育にも積極的に取り組む。公益社団法人日本小児保健協会元会長、日本小児科学会専門医、日本小児神経学会専門医。

改訂新版　子どもの病気・けが
救急＆ケアBOOK

発行日　2023年2月5日　初版第1刷発行
　　　　2024年3月25日　　　第2刷発行

表紙イラスト●千金美穂
表紙デザイン●＋＋＋野田由美子
本文デザイン●(有)来夢来人
イラスト●岡本典子　近藤理恵
　　　　　鹿渡いづみ
取材協力●中島祐子　豊島区池袋保健所
編集協力●藤井たかの　麻生珠恵
　　　　　高橋さやか
企画編集●竹内伊佐夫

発行者／大村 牧
発行／株式会社 世界文化ワンダーグループ
発行・発売／株式会社 世界文化社
〒102-8192　東京都千代田区九段北4-2-29
電話／編集部　03 (3262) 5474
　　　販売部　03 (3262) 5115
校正／株式会社円水社
DTP制作／株式会社明昌堂
印刷・製本／図書印刷株式会社

園の周辺で見かける昆虫にも、毒性の強い種類が多くいます。危険な種類を把握し、子どもたちにも注意を促しましょう。万が一、アレルギーによるショック症状を起こしたら、すぐに救急車を呼びましょう。

自然界には人間に危害を
日ごろから保育者が有毒
子どもたちが興味本位で
気を配り

スズメバチ

攻撃性が強い大型のはちです。毒性が強く、さされると激しく痛みます。また、毒が目に入ると失明するおそれもあります。複数回さされると、アナフィラキシーショックの起きる可能性が非常に高くなります。

ムカデ

毒のある強いあごでかまれると、たいへんな痛みとはれが出ます。ショック状態になることもあります。かまれたら直ちにムカデを駆除し、あごを引き離します。毒は指などで絞り出し、流水で洗い流しましょう。

アシナガバチ

軒下やベランダなどに巣をつくることが多いはちです。攻撃性はそれほど強くはないものの、巣に近づいたり、いたずらしたりするとさされることもあります。さされると、痛みとはれを引き起こします。

イラガ（幼虫）

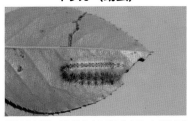

7月から10月ごろに発生するがの幼虫で、かきやさくらの木などに生息します。幼虫には多数の針状のとげがあり、触れると電気が走るような激痛を起こします。激しい痛みのあとは、かゆみが長引きます。

チャドクガ（幼虫）

幼虫は数十匹で群生し、春と秋につばきやさざんかなどに発生します。非常に細かい毒針毛を持ち、触れると皮膚がまっかにはれ、かゆくなります。樹木に残っていた毛や、死んだ幼虫に触ってもかぶれます。

毒へび

山林、河川敷やたんぼの土手など、身近にへびが生息しているところもあり、なかには、致死性の毒を持つ種類もいます。また、かみ傷は深く、雑菌が入ることもあるので、へびにかまれたら、急いで病院へ行きましょう。

(誤飲・誤食→P.22) (虫にさされた→P.36) (へびにかまれた→P.35) (かぶれた→P.37)

とびひ（伝染性膿痂しん）

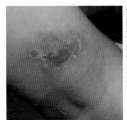

傷口やかき壊した部分に黄色ブドウ球菌などが入り、透明な水ぶくれができます。強いかゆみがあり、だんだん白濁してきてやぶれ、化のうします。

水いぼ（伝染性軟属腫）

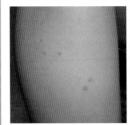

ウイルス性のいぼです。1〜5mmの半球状でやや硬く、真ん中が少しくぼみ、中が透き通って見えます。

アトピー性皮膚炎

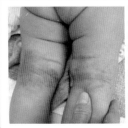

1歳ごろまではじくじくした湿しんが、頭や顔、ひじなどのくびれた部分にできます。2歳以上になると、粉を吹いたような状態が多く見られます。

脂漏性湿しん

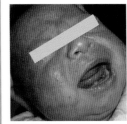

頭や額、まゆ毛のあいだなどの皮脂の分泌の多い部分に、黄色いかさぶたのような発しんができ、皮膚が赤くなります。生後2〜3か月の乳児に多く見られます。

おむつかぶれ

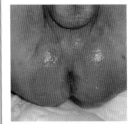

おむつを当てている部分の皮膚にうんちやおしっこが触れ、かぶれて炎症を起こしたもの。まっかにただれ、かゆみやひりひりした痛みが出ます。

皮膚カンジダ症

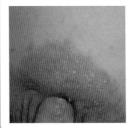

カンジダというかびの一種がおむつの中で繁殖して皮膚がただれます。おむつかぶれと似ていて、顕微鏡で検査しないと判別できません。

帯状疱しん

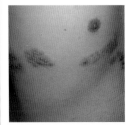

水ぼうそうと同じウイルスによる発しんです。抵抗力や免疫力が低下した場合に、胸や背中などの神経の流れに沿って帯状に発しんが出ます。

単純ヘルペス

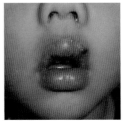

単純ヘルペスウイルスによる発しんです。口内炎や、唇・顔・目の縁などにピリピリと痛みを伴うびらんや水ぶくれができます。

写真で見る！ 発しんと皮膚トラブル

子どもの肌はデリケートで発しんができやすいもの。
また、発しんの出る感染症もたくさんあります。
子どもの皮膚の状態をチェックし、早期にトラブルを発見することが重要です。
症状が現れたら安易に判断せず、受診してもらいましょう。

突発性発しん

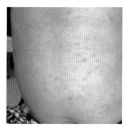

高熱が下がってから大小不規則な赤い発しんが出ます。おなかや背中から、半日ほどで全身に広がります。かゆみや痛みはありません。

手足口病

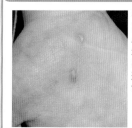

手のひら、足の裏、口の中に赤い発しんや白っぽい水疱が出ます。かゆみはなく、水疱は1週間ほどで消えます。

溶連菌感染症

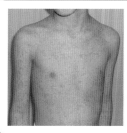

急な高熱のあとのどが痛くなり、細かい粒状の淡い赤色の発しんが、首から胸にかけて広がります。舌にはまっかなぶつぶつができ、「いちご舌」と呼ばれます。

りんご病（伝染性紅はん）

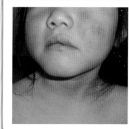

両ほおが、りんごのように赤くまるく盛り上がります。肩や手足にレース状の赤い発しんが出ることもあります。皮膚が温まるとかゆくなります。

水ぼうそう（水痘）

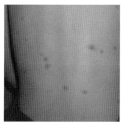

発熱と同時に3～5mmほどの赤い発しんが全身に出ます。やがて白く濁った液の入った水ぶくれを経て、黒いかさぶたになります。

じんましん

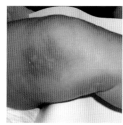

突然皮膚がかゆくなり、境界が鮮明な赤く盛り上がった発しんが出ます。数時間から1日経つと発しんは消えます。

115 　発しんが出た→具体的な対処法はP.58～59

生き物図鑑

を与える生き物もいます。
な生き物の知識を持ち、
で近づくことがないよう、
ましょう。

自然のなかには中毒や、かぶれの原因となる植物があります。野外へ出かけるときには、肌を露出しない服装を心がけましょう。また、不用意に植物を触ったり、口にしたりしないよう、子どもたちにも注意します。

プリムラ・オブコニカ

別名さくらそうといわれ、花壇や鉢植えでよく見られます。プリミンという物質が含まれ、葉や茎の細かい毛に触れるとかぶれます。品種改良が進み、かぶれにくくなってはいますが、子どもは皮膚が薄いので注意が必要です。

ヤマウルシ

樹皮は灰褐色で、赤い葉軸を持ちます。樹液にウルシオールという成分が含まれ、触ると接触性皮膚炎を引き起こします。特に、春の新芽には注意を。また、一度かぶれたことがあると、症状がひどくなります。

イチョウ（ギンナン）

街路樹などでよく見るイチョウですが、ギンナンの果肉に含まれるビロボールという成分が、かぶれの原因となります。

ヨウシュヤマゴボウ

有毒植物で、根や、秋になる紫色の果実中の種子には特に強い毒性があります。幼児は特に実の誤食に注意を。食べると、2時間ほどで強いおう吐や下痢が起こり、重症化すると意識障害や心臓まひに至ることもあります。

ヤマカガシ

体長は60〜150cm、背に赤と黒のまだらもようがありますが、もようや色には地域差や個体差もあります。山沿いの水田や、河原などに生息します。おとなしい性格ですが、猛毒があり、かまれると死亡することもあります。

マムシ

体長は40〜75cmほど。頭は三角形で胴が太く、体色は淡褐色などで、銭形のもようがあるのが特徴です。非常に強い毒性を持ち、かまれると死亡することも。かまれたら、速やかに血清のある医療機関を受診し、6時間以内に血清を投与する必要があります。

予防接種スケジュール

予防接種は各ワクチンの決められた接種回数、間隔、自治体の設定する接種日、任意接種を受けるかなどによってスケジュールを立てます。
保育者は、子どもがどの予防接種を受けているのかを把握しましょう。

予防接種名 / ワクチンの種類	0歳（1 2 3 4 5 6 7 8 9 10 11）	1歳（1 2 3 4 5 6）
定期接種 B型肝炎 不活化ワクチン	【初回】3回	
定期接種 ロタウイルス（1価） 生ワクチン	27日以上の間隔をおいて2回	
定期接種 ロタウイルス（5価） 生ワクチン	27日以上の間隔をおいて3回	
定期接種 Hib（インフルエンザ菌b型） 不活化ワクチン	【初回】3回 27〜56日の間隔をおいて3回	【追加】3回目終了から おおむね7〜13か月あけて
定期接種 小児用肺炎球菌 不活化ワクチン	【初回】3回 27日以上の間隔をおいて3回	【追加】3回目終了から60日以上あけて1回
定期接種 BCG 生ワクチン	1回	
定期接種 四種混合（DPT-IPV） 不活化ワクチン	【I期】20〜56日の間隔をおいて3回	
定期接種 水痘 生ワクチン		【初回】1回
任意接種 おたふくかぜ（流行性耳下腺炎） 生ワクチン		【初回】1回
定期接種 MR（麻しん・風しん混合） 生ワクチン		【I期】1回
定期接種 日本脳炎 不活化ワクチン		
任意接種 インフルエンザ 不活化ワクチン		毎年秋に2回 2〜4週間の間隔をあ
任意接種 A型肝炎 不活化ワクチン		
任意接種 髄膜炎菌 不活化ワクチン		

任意接種

希望すれば接種できる予防接種です。費用は自己負担ですが、地方自治体から全額または補助が出る場合もあります。

インフルエンザ　　不活化ワクチン

予防する病気　季節性インフルエンザ（4種類）

冬に流行する前に2回の接種が終わるよう、毎年、秋にするのがおすすめです。接種してもかかることがありますが、重症化予防になります。

●**副反応**●たまごアレルギーが明確にある場合はかかりつけ医に相談を。ごくまれにじんましんや呼吸困難、ショック症状が出ることもあります。

髄膜炎菌　　不活化ワクチン

予防する病気　髄膜炎菌感染症

鼻水や咳などによる飛沫感染で、髄膜炎菌が鼻、のど、気管の粘膜から体内に入って、血液や髄液などへ侵入すると、菌血症や敗血症、細菌性髄膜炎などを起こします。ほかの細菌による髄膜炎と比べて症状が急激に進行することが特徴です。

●**副反応**●接種部位が赤くなったり、だるさを感じることもありますが、数日で治る軽度のものです。

ロタウイルス　　生ワクチン

予防する病気　ロタウイルス感染症

乳幼児に多いロタウイルス感染症は、ワクチン接種で免疫をつけることができます。飲むタイプの経口ワクチンです。接種できる期間が短いので、生後14週6日までに接種を開始できるようにしましょう。

●**副反応**●下痢やおう吐の症状が出たり、きげんが悪くなったりします。数万接種に1例程度に腸重積症の発生があり、注意が必要です。

肺炎球菌　　不活化ワクチン

予防する病気　肺炎球菌感染症
**　　　　　（細菌性髄膜炎・肺炎・中耳炎など）**

2歳以下の子どもがほとんど免疫力を持たず、また肺炎球菌髄膜炎になると致死率が高い危険な感染症です。後遺症も重篤です。乳幼児では1歳以下での発症が半数を占めるので、早く接種するのが望ましいでしょう。

●**副反応**●接種後に高熱が出ることも。ほとんどは1日程度で治りますが、ぐあいが悪そうだと感じたら受診を。接種部位が赤くなることもあります。

おたふくかぜ　　生ワクチン

予防する病気　おたふくかぜ
**　　　　　（流行性耳下腺炎）**

無菌性髄膜炎や脳炎、難聴や膵炎などの合併症が心配なおたふくかぜは、園で流行することも多い感染症。ワクチンを受けることで重い合併症のリスクが減らせます。接種は2〜3歳ごろまでに受けるのが一般的です。

●**副反応**●まれに接種2〜3週間後に熱が出たり、耳下腺がはれたりすることがありますが一時的なものです。2000〜3000人に1人のごく低い確率ですが、無菌性髄膜炎を発症することもあるので、接種後2〜3週間前後で、発熱やおう吐、不きげんが続いたら念のため受診を。

A型肝炎　　不活化ワクチン

予防する病気　A型肝炎ウイルスによる
**　　　　　急性および慢性肝炎・肝硬変・**
**　　　　　肝臓がん**

ウイルスに汚染された水や魚介類、野菜、果物などを生で食べることで感染し、発熱や倦怠感などの肝炎症状を起こします。50歳以下の日本人は、ほとんどA型肝炎に対する免疫をもっていないため、WHOでは1歳以上からの接種を推奨しています。

●**副反応**●接種部位が赤くなったり、だるさを感じることもありますが、数日で治る軽度のものです。

B型肝炎　　不活化ワクチン

予防する病気　B型肝炎ウイルスによる
**　　　　　急性および慢性肝炎・肝硬変・**
**　　　　　肝臓がん**

B型肝炎や肝臓がんを予防する重要なワクチンです。2016年10月から定期接種になりました。

●**副反応**●接種部位が赤くなったりだるさを感じることもありますが、数日で治る軽度のものです。

予防接種一覧

保育者は保護者の不安や疑問に答えられるよう、
子どもが受けられる予防接種を把握しておきましょう。
定期接種はもちろん、任意接種にも大切なものがあります。

定期接種

特に予防が必要として、国が勧奨している接種です。
対象年齢であれば公費で受けることができます。

BCG 　　　　生ワクチン

予防する病気　結核・結核性髄膜炎

結核は、乳幼児の抵抗力が弱いため、重症化したり重い合併症が出たりすることもある病気です。接種は9つの針があるスタンプを2か所に押します。

●**副反応**●通常の反応として、接種後10日～4週間または5～6週間で接種部位に赤い発しんができたり、一部にうみが出たりすることもありますが、免疫ができたためです。ただし、接種後、10日以内に接種部位に発しんが現れたときは、コッホ現象と呼ばれ、すでに結核菌に感染している可能性があるため病院へ。

MR（麻しん・風しん混合） 　生ワクチン

予防する病気　麻しん(はしか)・風しん(三日ばしか)

麻しんは感染力が強く、0～2歳のあいだにかかることが多い病気です。1歳になったらできるだけ早く1回目の接種をし、2回目も必ず接種を。また、ワクチン接種前に麻しん・風しんにかかっても、MRワクチンの接種は受けるようにしてもらいます。

●**副反応**●接種後1週間ほどで発熱や接種部位が赤くなったり、はれたり、ぶつぶつができたりすることもありますが、多くの場合、1～2日で治まります。

日本脳炎 　　　不活化ワクチン

予防する病気　日本脳炎

ワクチンの普及で感染者は激減していますが、感染すると脳炎を起こして後遺症が残ることもあります。一時積極的勧奨は控えられましたが、安全性の高いワクチンに切り替わり、定期接種になりました。接種を見合わせていた場合、特例措置が適用され接種できることがあるので、確認を。

●**副反応**●接種後に発熱、せき、鼻水の症状や、接種部位が少し赤くなることがあります。

四種混合（DPT-IPV） 不活化ワクチン

予防する病気　ジフテリア・百日ぜき・破傷風・ポリオ

百日ぜきは子どもがかかりやすい病気です。ジフテリアや破傷風も、重い後遺症や重症化の危険がある病気です。ポリオは、野生型ポリオウイルスの国内感染は根絶しましたが、海外ではまだ流行している地域もあります。また、まひの危険もあるため、社会的に予防する必要がある病気です。

●**副反応**●回数を重ねると赤くはれたり、しこりができることも。まれに発熱することもあります。ほとんどは問題ありませんが、はれがひどく気になるときは病院へ。

水痘 　　　　　生ワクチン

予防する病気　水ぼうそう（水痘）

感染力が強く、園でも流行しがちな病気です。接種しても20%は水ぼうそうにかかるといわれていますが軽症ですみ、水疱のあとも残りにくくなります。抗体を確実につくるため2回の接種が推奨されています。

●**副反応**●まれに微熱や発疹、接種部位がはれることがあります。100万人に1人の非常に低い確率ですが、アナフィラキシーや血小板が減少する血小板減少性紫斑病を発症することもあります。

Hib（インフルエンザ菌b型） 不活化ワクチン

**予防する病気　Hib感染症（細菌性髄膜炎・
　　　　　　　　急性喉頭蓋炎・肺炎・中耳炎など）**

細菌性髄膜炎の原因菌の6割を占めるHibに大きな予防効果があるワクチンです。生後4か月から18か月に発病率が高いので、接種可能な生後2か月になったらできるだけ早く接種するとよいでしょう。接種を開始する月齢によって接種回数が異なります。

●**副反応**●接種部位が一時的に赤くなったり、しこりになったりすることがあります。

	接種可能期間
	定期接種の対象期間
■	【定期接種】初回・Ⅰ期の標準的な接種期間
■	【定期接種】追加の標準的な接種期間
■	【定期接種】Ⅱ期の標準的な接種期間
■	【任意接種】初回・Ⅰ期の標準的な接種期間
■	【任意接種】追加の標準的な接種期間

知っておこう　同時接種

2種類以上の予防接種を同時に接種することは、医師が特に必要と認めた場合に行うことができるとされています。任意接種への関心が高まり、乳幼児期に受ける接種の種類・回数が非常に多くなっている現在、同時接種によって早期に免疫が得られること、各ワクチンの接種率が上がることがメリットとして挙げられます。また、同時接種によって副反応や有効性に影響がないこともわかっています。

	7	8	9	10	11	2歳	3歳	4歳	5歳	6歳	7歳	注　意　点
												生後2か月で1回目。その後27日以上の間隔をあけて2回目。1回目から139日以上の間隔をあけて3回目を接種する。
												遅くとも生後14週6日（104日）までに1回目、生後24週（168日）までに接種を完了する。生後24週以降は接種することができない。
												遅くとも生後14週6日（104日）までに1回目、3回目は生後32週（224日）までに接種を完了する。生後32週以降は接種することができない。
1回												初回接種年齢により、間隔や回数が異なる。
												初回接種年齢により、間隔や回数が異なる。
												定期接種対象年齢は1歳未満まで、標準的な接種期間は生後5〜8か月未満。接種時期をはやめると副作用が出やすくなるともいわれている。
期追加】3回目から12〜18か月あけて（6か月後からでも可）1回												11〜12歳で、ジフテリアと破傷風の二種混合（DT）をⅡ期で接種する。
加】初回から3か月以上（標準〜12か月）の間隔をおいて1回												初回接種から約3か月以上（標準的には6〜12か月）の間隔をあけて追加接種をするとしっかりとした免疫がつく。
								【追加】初回から3〜5年後に1回				日本小児科学会は、1歳と小学校入学前1年間の2回接種を推奨している。
								【Ⅱ期】小学校就学前の1年間に1回				1歳未満で緊急避難的に麻しんワクチンを接種した場合はそれを1回目に数えず、必ず任意接種でMRワクチンを。
						【Ⅰ期】2回 【Ⅰ期追加】2回目終了から6か月以上あけて1回						Ⅱ期は9歳以上13歳未満で1回接種する。
けて行う												1歳未満の子どもの接種は免疫をつけるのが困難といわれているので医師と相談のうえ、接種を。
												1回目の2〜4週間後に2回目、その約半年後に3回目を接種する。海外旅行や長期滞在をする場合は、強く接種が勧められる国や地域もあるので必ず医師と相談を。
												2歳未満児への安全性および有効性は確立されていない。海外旅行や長期滞在をする場合は、強く接種が勧められる国や地域もあるので必ず医師と相談を。